与特级教师一起备课

丛书主编 ◉ 刘建琼

YU TEJI JIAOSHI YIQI BEIKE

SHUXUE YISHANG

吴 健

与级教师一起备课 一上

北京师范大学出版集团
BEIJING NORMAL UNIVERSITY PUBLISHING GROUP
北京师范大学出版社

图书在版编目（CIP）数据

与特级教师一起备课．数学 一 上 / 刘建琼主编；
吴健分册主编．-- 北京 ：北京师范大学出版社，2025.
3. --ISBN 978-7-303-30722-7

Ⅰ. G623

中国国家版本馆 CIP 数据核字第 2025TS6453 号

出版发行：北京师范大学出版社 https://www.bnupg.com
　　　　　北京市西城区新街口外大街 12-3 号
　　　　　邮政编码：100088
印　　刷：北京盛通印刷股份有限公司
经　　销：全国新华书店
开　　本：710 mm × 1000 mm　1/16
印　　张：16.75
字　　数：270 千字
版　　次：2025 年 3 月第 1 版
印　　次：2025 年 3 月第 1 次印刷
定　　价：68.00 元

策划编辑：陈红艳　冯谦益　　　责任编辑：冯谦益
美术编辑：李向昕　　　　　　　装帧设计：李向昕
责任校对：段立超　　　　　　　责任印制：马　洁

与特级教师一起备课
编委会

作为深耕教育领域的研究者，我在审阅这套"与特级教师一起备课"丛书时，不仅看到了教学理念与实践的深度融合，更触摸到了基础教育改革跳动的脉搏。

丛书主编刘建琼是我多年的好友，是教育部基础教育语文教学指导委员会委员，其学术造诣与实践智慧早已蜚声教坛。他组建的"与特级教师一起备课"丛书的编写团队——各学科主编皆为特级教师、正高级教师以及区域学科带头人，堪称"精锐之师"，兼具理论高度与实践深度，确保了丛书既具有学术前瞻性，又保持着教学一线的鲜活气息。这种"理论研究者＋实践创新者"的黄金组合，使得丛书摆脱了传统教案集的窠臼。丛书的最大创新，在于以"大单元教学"为核心构建的立体化备课体系。在育人方式变革的浪潮中，编者们没有停留在零敲碎打的技法改良层面，而是以系统思维重构教学逻辑，即通过"大概念"的中轴引领，将碎片化的知识点转化为结构化的认知网络；借助"主题子任务"的设计，让知识获取与素养培育形成有机循环；依托"情境活动"创设，使深度学习在真实的问题场域中自然生发。这种从知识本位向素养本位的跨越式转型，恰如其分地回应了新课标对核心素养培育的迫切要求。

丛书的价值不仅体现在理念创新，更在于其实践指导的精准性。每个单元设置的"教学过程表"如同教学导航仪，帮助教师实时监测学习进程；"单元教学效果测评表"则构建起多维度的反馈系统，使"教学评一致性"从理念转化为可操作的行动指南。特别值得关注的是编者对"任务式学习"与"项目式学习"的创造性融合——既注重微观层面的课堂任务设计，又着眼宏观层面的项目统整，这种双维驱动的设计智慧，让课堂教学呈现出"见树木更见森林"的格局。丛书的每个单元，专设"教学实施"板块，将大单元教学的"内容设计"

加以展开，突出重点"任务"、精彩"活动"和典型"策略"，并展示重要的、关键的"教学环节"。在这些"教学环节"中，还因地制宜地创设一些体现教材特点、符合"新课标"精神的教学（片段）场景，供一线教师学习借鉴。另外，各单元的教学图表、课件示例、学习资源等，也可用于具体的教学活动。这些资源绝非简单的教学附件，而是比较完整的支持系统，正是教师专业成长的养分。

作为长期关注教学变革的研究者，我欣喜地发现这套丛书真切诠释了"学科育人"的真谛。在数学分册的"一元一次方程"单元中，编者通过配套问题、工程问题、行程问题、盈亏问题等教学活动，让学生在实践中理解方程背后的社会意义；在语文分册的"亲近动物"主题活动里，"人与动物的关系"阅读任务使价值观培育自然融入语言实践。这些设计无不彰显着编者的教育匠心——让核心素养的培育不再是空中楼阁，而是扎根于真实的学习土壤。

这套丛书的价值更在于其构建了一个开放的专业成长共同体。当教师使用"教学反思"模板时，实际上是在与特级教师进行专业对话；当参考"单元作业设计"时，无异于获得教学专家的手把手指导。这种"专家智慧＋教师实践"的互动模式，开启了"在做中学、在研中长"的专业发展新路径。

教学改革的深水区，最需要的是既能指明方向又可拾级而上的专业脚手架。"与特级教师一起备课"丛书正是这样的存在——它既是大单元教学的理论图谱，又是可复制可推广的实践手册；既是教学创新的思想源泉，又是课堂转型的操作指南。

相信这套凝聚着特级教师教育智慧的备课丛书，必将成为新时代教师案头必备的"葵花宝典"，在全面落实立德树人根本任务的征程中，绽放出独特的专业光芒。

刘铁芳

（教育部长江学者特聘教授，湖南师范大学教育科学学院院长）

2025 年 3 月 10 日

刘建琼 *

艺术极致的秘诀是什么？让作品充满人民性。

新课程实施的秘诀是什么？让备课充满教学性。

教学性是教师教学品质的根本特性，包括教师之教和学生之学。备课充满教学性，就是将课程蓝图演绎为实施图甚而操作说明书时，拥有无处不在的教与学的价值意义。教什么学什么，怎么教怎么学，怎么让教和学效益最大化、伦理化，观之有感，思之有理，行之有度。已然，思想化作行动，理念演成操作。如"学科核心素养落地养成有魂，教学评一体化践行有效，教学统整性实施有法，跨学科主题活动推进有径"，又如"新课标与旧课标之守正与创新，新教材与旧教材之继承与发展，大概念引领与任务驱动的跨学科主题活动之同中有异"，等等，不再是理想的勾画、概念的思辨、命题的言说，而是直观的、趣味的、新颖的模式操作，或是启发的、针对的、创新的方式方法。调查研究发现，实施新课程新教材新课堂，教师在期待、学生在期待、家长在期待……期待一套辅助教与学的方法丛书以提供可选择、可参考、可模仿的行动逻辑，为此初衷，"与特级教师一起备课"丛书应运而生。

"与特级教师一起备课"丛书之创作选择。全科选择，是因为课程育人需要"合力"而育，"合力"内涵十分丰富，首要是科目，关键是每个科目都是"一个"，不可或缺。选取"语数外、物化生、史地政"九科，先行先试，这本来就是一种较为切实的研究方法和工作方法。学术选择，其本质标识是"特级教

* 刘建琼，二级教授，博士生导师，特级教师，享受国务院政府特殊津贴专家。现为教育部基础教育语文教学指导专委会委员。曾任湖南省教育科学研究院基础教育研究所所长、教育史志研究所所长等职，执教长沙市长郡中学 10 余年。

师"，特级教师是师德的表率、育人的模范、教学的专家。丛书创作，特级教师们不厌其烦地研读课标、钻研教材、调研学情、研制样稿，精益求精地讨论交流、比对修改、择校实验、数易其稿，学术操守、学术能力、学术视野等自在其中。品牌选择，事实上，是一种价值观、发展观呈现，包含了对成果转化的认知和对平台展现能量的认可。丛书浓缩了 10 余项国家级和省部级优秀教学成果的精华，选定北京师范大学出版集团出版，真正实现内容与形式的完美结合。

"与特级教师一起备课"丛书之创作原则。丛书质量需要条件保障，而最大的条件保障应是创作原则，即所依之准则。"与特级教师一起备课"丛书的整体原则，遵守常识，比如把准政治方向、遵从主流意识，让国家意志不折不扣渗透其中；遵循规律，比如学生身心发展规律、学科教学基本规律、课程教材辅助性资源建设规律；尊重实际，课程进学校进课堂，力求切合教与学情状，为学科实现单元主题教学做足提前量准备，等等。"与特级教师一起备课"丛书的具体原则，一是导向学科核心素养养成具体而微，完成立德树人根本任务一丝不苟；二是导向素养型课堂建构，主体与主导协同发展；三是实施单元整体教学，任务与活动协调设计；四是导向教学评一体一致，内容一体化、方法行动一致性。融合不乏创新，统一不缺个性，提质增效得以保障。

"与特级教师一起备课"丛书之创作方法。"与特级教师一起备课"丛书的原理性方法，即学科课程思想课堂化，学科课堂实践方法化。"课堂化"说的是，"教"和"学"围绕课程标准来开展，随时经受得住"评"的检测，始终不离不弃目标；"方法化"指的是，选取知识不随意，"人知"互动重体验，思维训练重规律；策略性方法，即坚守课程体系与教学体系融为一体，坚守单元整体与单元任务在单元活动的拉动下，实现深度学习；技术性方法，即教学目标育人化、教材内容重构化、学习任务问题化、问题解构情境化、情境表现生活化、过程学习体验化、体验升华方法化。所有的方法在单元整体教学实施中，以课标教材比较、任务驱动创新、教学活动设计、跨学科主题活动和项目化学习等作为关键点，合并分解，环环相扣，逻辑自洽。

与特级教师一起吧，备课、上课、评课！

与特级教师一起吧，实践、方法、实践！

三"会"三"着"，一起备课

吴 健[*]

数学承载着思想和文化，是自然科学的重要基础。

数学是运算和推理的工具，还是表达和交流的语言。

《义务教育数学课程标准（2022 年版）》（以下简称新课标）把"三会"确立为经过数学课程培养的学生核心素养，即"会用数学的眼光观察现实世界、会用数学的思维思考现实世界、会用数学的语言表达现实世界"。

如何将"三会"要求落实为素养立意的课堂实践，让学生在掌握知识技能的同时，获得适应未来生活所必需的数学基本思想、基本活动经验？如何让学生喜欢数学，让数学好教易学？基于师生、基于数学、基于课堂是解决这些问题的关键，三个"基于"的质量保障是什么呢？千里之行，始于备课。备课是保障教学质量的根基。小学数学特级教师徐斌指出："没有备课的全面考虑与周密设计，哪有课堂上的有效引导与动态生成？"

本书主要参考人民教育出版社《义务教育教科书数学一年级上册》（2024年版，后文提及的教材如无特殊说明则均指该版），由特级教师、省市级学科骨干教师、学科带头人等组成的团队进行备课研究，研究新课标，制订教学目标，研究教材把握教学内容，研究学生创新教学方式，继而开展单元教学设计，并结合一年级上册的学习内容研制了两个跨学科学习案例。从教师立意、出发，让教师受用、有用，是本书编写的初衷。本书着力于帮助数学教师们解决备课中的疑难问题，满足教学实践中最为迫切的需要，具体表现为以下几个方面。

---

* 吴健：小学数学学科带头人，硕士研究生导师，曾出版小学数学优质课光碟，参与编写书籍10 余本，曾被评为"全国优秀辅导员"，荣获"中国百名创新型名师"奖。

　　一是，着眼整体结构，以素养目标统整单元设计。课堂上，本书希望能让教师整体地教，让学生有结构地学。本书在单元学习目标的确定时注重对教学内容的整体分析，注重教学内容的结构化，注重把握数学学习的内在逻辑，根据核心素养目标设定相应的教学任务，推进单元整体教学设计。在每一个单元内容设计中，通过"单元教学过程表格"和"单元效果测评表格"体现数学知识之间的内在逻辑关系，以及学习内容与核心素养表现的关联；通过整体分析数学内容本质和学生认知规律，合理整合单元教学内容；通过整合、重构、重组，以"主题—单元—任务"等形式，将数学知识和核心素养主要表现落实到教学活动各个环节，以结构化教学内容、学习材料、教学环节来整体推进，促进学生学会用整体的、联系的、发展的眼光看问题。

　　二是，着重系统关联，以完整建构推进教学评一体化。本书希望能让教师有关联地教，让学生系统地学。书中的每一个单元都注重系统设计大问题、大任务，让学生在化零为整、具有挑战性的主题任务中体会知识间的关联、与现实生活的关联、不同课程间的关联，帮助学生建立能体现数学学科本质、对未来学习有支撑意义的结构化的数学知识体系。各单元内容设计中，"完成的任务"指向"教"，根据核心素养目标设定相应的教学任务；"教学运行方式"指向"学"，学生在教师引领下为达成任务而完成的学习活动；"测评要点"指向"评"，在本环节中学生需要达到的学习效果，明确了"教什么""怎么教""学什么""学到什么程度"，注重实现"教—学—评"一致性。

　　三是，着力探究实践，以学为中心优化教学方式。本书希望能让教师在活动中教，让学生在体验中学。新课标指出：小学阶段侧重对经验的感悟。小学生喜欢在操作性、探究性、创造性的活动中学习，本书在备课的研究过程中，注重"情境＋问题串"，注重启发式、探究式、体验式、互动式等教学方式的设计，注重培养学生自主的学习意识、自发的情感态度、自觉的思考探究。本书坚持任务内容问题化、学习情境生活化、数学思想方法化，为学生创设有真实需求、真实问题、真实情境的学习场域，让学生在数学课堂上既开心，又开窍，实现学生数学思维和理性精神最大潜能的成长。同时，每一个单元结合教学效果测评表制作了"单元评价表",通过"理一理"回顾内容与任务,"试一试"检验知识与技能,"记一记"梳理结构与方法,强化学生"怎么学"的具体指导,促进学生在数学学习中逐步发展核心素养。

本书编写过程,始终"与特级教师一起",坚持以探索的姿态、思考的状态和研磨的样态找到与广大教师一同备课的方式。书中的教学设计虽然没有达到最专业的高度和深度,但每一个单元、每一个任务、每一个活动都经过团队的反复思考,每一行文字都经过多次斟酌,努力做到想通透、写明白,让教与学的思考可看见、可操作、可迁移。

希望本书的出版,能够为各位教师呈现对课程教学改革的初心和使命,为真正实现学生的核心素养培养,落实立德树人、学科育人的教育目标提供实践的引领、指导和支持。

目 录
CONTENTS

入学适应单元
数学游戏 *

一、内容概述

本单元"数学游戏"是集数的认识、数的应用、图形与几何、生活中的数及数学于一体，通过实践活动的形式组织教学的，内容包罗万象，富有趣味。本单元教材上一共安排了五个数学游戏（见图 0-1）：在校园里找一找、在操场上玩一玩、在教室里认一认、在教室里玩一玩、学习准备。

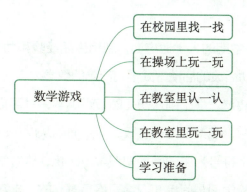

图 0-1 "数学游戏"教学内容

本单元是学生进入小学阶段学习数学的开始。原有教材中"准备课""位置"及"认识钟表"等相关内容被巧妙融入至全新的数学游戏环节中。借助寻找、互动玩耍及认知辨识等一系列活动，学习数、数量、图形、方位、时间等知识。本单元选取的题材符合学生年龄特征，与现实生活密切相关。游戏的设计具有趣味性，增强了学生的学习兴趣，有助于更好地进行幼小衔接，为学生提供平

---

* 编写者：易明珠，湖南省株洲市荷塘区太阳小学。

稳的过渡与适应过程。

　　《义务教育数学课程标准（2022 年版）》（以下简称新课标）中正式将"综合与实践"活动列为小学数学学习必不可少的重要领域，并从内容要求、学业要求和教学提示这三个方面出发，落实"教—学—评"一致性和内容结构化，真正将核心素养培养分阶段落实到每个学段和各个学年，实现学生会用数学的眼光观察现实世界，会用数学的思维思考现实世界，会用数学的语言表达现实世界的总目标。在一年级的准备阶段实施综合与实践主题性学习活动，对于刚从幼儿园升入小学阶段的学生来说，具有天然的吸引力和适切性。教师应紧扣新课标，关注幼小衔接，创设有包容性和支持性的环境，让学生在真实情境和实际问题中，运用数学的知识与方法，经历发现问题、提出问题、分析问题与解决问题的全过程，以积极愉快的情绪投入小学生活。

二、教学问题

　　"在一年级第一学期的入学适应期，利用生活经验和幼儿园相关活动经验，通过具体形象、生动活泼的活动方式学习简单的数学内容"，这是新课标对一年级教育教学提出的建议。学生刚从幼儿园迈进小学，对课堂学习还不适应，有意注意的时间比较短，观察能力也有限。学生面临从以行动为主要方式的直接经验学习，向以文字符号为主的间接知识学习转化，这对学生来说是一个重大的转变。但直接经验学习与间接知识学习不是对立的，丰富的直接经验对间接知识的获得是有帮助的。一年级学生的好奇心很强，往往对教材插图中的人物、色彩感兴趣。在教学时，教师要遵循学生的年龄特点，根据教材的编排，从认识校园的游戏开始，学习数、数量、图形、方位、时间等知识，让学生感悟数学知识与现实生活的联系，同时锻炼学生的表达能力及自我评价能力。在小学刚入学的适应期，教师要充分利用小学生的现实生活情境，采取游戏化、生活化、综合化等方式，强化学习的探究性、体验性特点，鼓励学生参与观察和表达，这些都是让学生尽快适应小学学习的重要举措。

三、学习目标

1. 在具体情境中，引导学生回顾自己在学前阶段经历的与数学学习相关的活动。在游戏中，教师应唤起学生对数学学习的感性认知和学习经验，激发他们学习数学的兴趣。

2. 引导学生经历丰富的数学游戏过程。通过找一找、玩一玩、认一认等活动，让学生能比较准确地表达自己对数、数量、图形、方位、时间等数学知识的理解，初步形成量感和数感，培养学生的几何直观和空间观念。

3. 通过观察主题图信息，引导学生尝试提出数学问题并解答。引导学生尝试运用与数学学习相关的词语来表达观点，逐步养成数学学习的良好习惯。

4. 引导学生尝试与他人合作解决问题，能说明或演示自己玩过的数学游戏内容和规则，在教师的协助下能带领同伴一起玩数学游戏。

5. 教师应从数学学习内容、方式上帮助学生完成幼儿园阶段与小学阶段的过渡与衔接。

基于"教—学—评"一致性的思考，教师应从核心素养、核心概念、掌握技能三个层面，对本单元的学习目标进行整体设定（见表 0-1）。

表 0-1 "数学游戏"学习目标

核心素养	数感、量感、几何直观、空间观念、应用意识。
核心概念	"几"和"第几"、"上下前后左右"位置关系、一一对应思想。
掌握技能	知：认识序数词、方位、基本图形，感悟一一对应的思想。
	能：掌握数数的方法，能正确辨认和使用方位词"上、下、前、后、左、右"。

四、内容设计

本单元以"数学游戏"为主题，教材中设计了"在校园里找一找、在操场上玩一玩、在教室里认一认、在教室里玩一玩、学习准备"5个游戏。教师可将"综合与实践"的学段要求，整合在"认一认，找一找""玩一玩""学会学习"三大任务之中。下面对本单元内容进行重新整合和设计（见表 0-2）。

表 0-2 "数学游戏"整合前后的教学体系

整合前	整合后	目标定位
在校园里找一找，在操场上玩一玩，在教室里认一认，在教室里玩一玩，学习准备	认一认，找一找（在教室里认一认和在校园里找一找）。	了解"几"和"第几"，感悟"观测点"，能正确辨别并运用"前后左右"，掌握数数的方法。
	玩一玩（在操场上玩一玩和在教室里玩一玩）。	学会数数，认识基本图形，感悟——对应的思想。
	学会学习。	养成守时、认真听讲等良好的学习习惯。

本单元是与现实生活密切相关的内容，是"在玩中学"的典型内容。要在各种有趣的游戏和活动中让学生感悟数学知识与现实生活的联系，感受数学学习的乐趣。结合本单元学习内容，下面是教学过程（见表 0-3）和教学效果测评（见表 0-4）。

表 0-3 "数学游戏"教学过程

学习内容	课时	完成的任务	教学运行方式	效果测评要点
认一认，找一找	1	① 介绍我的幼儿园生活。② 在教室里认一认和在校园里找一找。	① 组织学生回忆各自的幼儿园生活，并引导学生介绍幼儿园与数学相关的活动。② 教室里和校园里有什么？在哪里？有几个？③ 让学生说出他们的发现。	① 了解"几"与"第几"。② 掌握并正确运用"前后左右"。③ 掌握数数的方法。④ 感悟"观测点"。⑤ 通过表达，掌握数学学习经验。

续表

学习内容	课时	完成的任务	教学运行方式	效果测评要点
玩一玩	2	在操场上玩一玩。	① 在玩游戏之前，让学生回忆幼儿园玩过的游戏，选一个自己最喜欢的与同学分享。 ② 游戏"桃花朵朵开"。 ③ 游戏"网鱼"。 ④ 游戏"跳圈"。 ⑤ 排队回教室，学生说说在游戏过程中有什么收获。	① 学会数数、认识基本图形。 ② 体会用一一对应的方法比高矮、比多少。 ③ 在数学游戏中能体会数学乐趣，发现数学知识。
		在教室里玩一玩。	① 游戏"听指挥做动作"。 ② 游戏"正话反做"。 ③ 游戏"抢椅子"。 ④ 游戏"拼搭图形"。	① 体会"几"与"第几"。 ② 理解一一对应思想。 ③ 从拼搭过程中初步认识立体图形和平面图形。 ④ 在数学游戏中能体会数学乐趣，发现数学知识。
学会学习	1	学习准备。	① 教师强调课前准备、上课交流等日常规则，学生练习，比比谁最快。 ② 游戏"我说你对"，做巩固学习准备的训练。	① 掌握并正确运用"前后左右"。 ② 初步形成良好的学习习惯。

表0-4 "数学游戏"教学效果测评

维度	评价内容	评价等级	评价说明
数感	准确数数。	☆☆☆☆☆	能用合适的方法熟练数出数量,得4～5颗星。
			能点数,数清楚事物的个数,得2～3颗星。
			在数清楚事物的个数上存在困难,得1颗星。
	理解数的意义。	☆☆☆☆☆	能准确描述"第几"的含义,得4～5颗星。
			能初步感知数量有多少,得2～3颗星。
			不能感知数量的多少,对"第几"概念模糊,得1颗星。
交流与表达能力	能说明或演示自己玩过的数学游戏内容和规则。	☆☆☆☆☆	能用自己的语言条理清晰地说明或演示数学游戏内容和规则,得4～5颗星。
			学生交流和表达基本清晰,但缺乏逻辑或连贯性,得2～3颗星。
			学生在交流与讨论中表达困难,需要引导或帮助,得1颗星。
	能比较准确地表达自己对数、数量、图形、方位、时间等数学知识的理解。	☆☆☆☆☆	表述准确,逻辑清晰,得4～5颗星。
			表达基本清晰,但缺乏思维深度,得2～3颗星。
			表达与交流存在困难,得1颗星。
空间观念	准确辨认基本的方位。	☆☆☆☆☆	能准确辨认上下左右的空间位置,得4～5颗星。
			能描述物体的左右或上下位置关系,得2～3颗星。
			不能辨认上下左右的空间位置,得1颗星。

五、教学实施

[任务一] 认一认，找一找

▶▶ [策略]

从室内到室外再回到室内，将教材中原来一些活动有层次地重组在一起，学习"数一数""序数词""位置"等相关知识，让学生在体验和分享中融合知识。

建议安排 1 课时。

1. 介绍我的幼儿园生活。

组织学生回忆并介绍各自的幼儿园生活中与数学学习相关的活动，在介绍时，教师引导学生使用数学信息进行表达和交流（见教材 6、7 页）。例如，幼儿园的建筑有几层？幼儿园的操场是什么形状的？教室大不大？教室内有多少张桌子、椅子？桌子是什么形状的？班级内小朋友的人数是多少？玩具区的某类玩具够不够每个小朋友拿一个？积木是什么形状的？在数学活动中幼儿园教师带领大家做了什么？

▶▶ [设计意图]

在正式开始数学学习之前，组织学生在数学课上介绍、交流各自在幼儿园经历的数学活动、游戏等，有助于学生消除进入新环境的陌生感，同时通过学生的表达，了解其数学学习经验，便于调整教学内容与方式。

2. 在教室里认一认和在校园里找一找。

（1）让学生说说自己座位是第几组第几个，前后左右都有人吗，有谁。

（教师示范：我叫×××，坐在第 3 组第 1 个，前面是×××，左边是×××……）

（2）让学生找一找教室里有什么，在哪里，有几个。

（教师示范：教室里有电视机，在教室的前面，有一台。）

（3）师：校园里面有什么呢？我们一起排队去外面找一找，请大家找到说给旁边同学听。

▶▶ 设计意图

　　将"几"和"第几"的概念融合在自我介绍中，让学生在具体的场景中感悟数学知识，体会"观测点"。通过在教室以及校园中找一找，说一说，学习数及数量，让学生掌握数数的方法。认一认教室前后左右分别是什么，自己前后左右是谁，在排队进出教室中，进一步巩固"几"和"第几"，同时让学生养成有序排队的良好习惯。在活动过程中，培养学生的数感、空间观念、数据意识等核心素养。

　　3. 说一说：回教室后鼓励学生分享他们的发现，教师及时点评。

▶▶ 设计意图

　　鼓励学生大胆表达与分享，培养学生总结与归纳的能力，通过生生互评与师评，锻炼学生评价能力，同时激发学生学习兴趣。

任务二 玩一玩

▶▶ 策略

　　将玩一玩的任务分成室外和室内两次活动，既方便组织教学，又能让学生体验数学游戏的快乐。不同的游戏所花时间可不同，最后再让学生谈一谈收获和分享，使其养成在活动中会主动反思与总结的好习惯。

　　建议安排 2 课时。

活动一　在操场上玩一玩

1. 分享有趣的数学游戏。

组织学生回忆在幼儿园玩过的有趣的数学游戏，从这些游戏中选一个最喜欢的与他人分享，指导学生有条理地描述游戏的基本规则，说一说为什么喜欢这个游戏。

▶▶ 设计意图

在玩游戏之前，先组织学生分享幼儿园数学游戏经验，唤醒学生的感性认知，激发学生参与游戏的兴趣，再引导学生描述游戏规则，为后续游戏的开展做铺垫。

2. 游戏"桃花朵朵开"。

游戏规则（教师可以先请几位学生一起示范规则）：

（1）所有的学生围成一个大圆，然后集体向左或者向右转，所有人可以走起来，也可以跑起来。教师喊："桃花朵朵开。"全班集体回答："桃花开几朵？"教师："桃花开 × 朵。"

（2）教师喊几朵，就几个人抱团。

（3）为了调节游戏气氛，教师可以多次喊："桃花朵朵开。"跟大家多互动后再说"开 × 朵"。

▶▶ 设计意图

"桃花朵朵开"通过说数抱团的形式，让学生认识数，感悟数，形成数感。作为课程的第一个游戏，相对比较简单，能充分调动学生的积极性，获得游戏体验感。

3. 游戏"网鱼"。

游戏规则：

（1）全班分成两组，一组手拉手搭起渔网为网鱼组，另一组为鱼儿组。网鱼组围绕"鱼儿"集体向左或者向右转圈。

（2）网鱼组一起唱着儿歌："一大群鱼游来啦，游来啦，一大群鱼游来啦，游来啦，快快抓住。"当说到"住"字时，网鱼组要一起蹲下，同时"鱼儿"要快速钻出去，没有钻出去的学生就是被网住的鱼。

（教师在讲解规则后，组织学生分组开展游戏。）

▶▶ 设计意图

"网鱼"和"桃花朵朵开"是一个类型的游戏，但是相对来说，"网鱼"难度更大，对学生反应要求更高，教师要在旁适时指导，通过"网鱼"游戏培养学生的团队合作能力，进一步巩固对数及数量的认识。

4. 游戏"跳圈"。

游戏规则：

（1）将圆形和三角形的圈依次摆放好。可以摆成一列，学生依次跳；也可以摆成两列，男女生进行比赛。

（2）要求双脚跳进圆圈，单脚跳进三角形圈。

（3）为丰富"跳圈"游戏，也可以适当给游戏增加情境。如教师发出口令："下雨了！"——学生双脚跳进圆圈；"天晴了！"——学生单脚跳进三角形圈。

（可以根据学生参与情况与人数增加情境，变换跳圈方式。）

▶▶ 设计意图

"跳圈"游戏不仅可以锻炼学生的跳跃能力，还可以训练学生对"单、双"的反应，同时帮助学生从生活中的"圈"抽象出数学中的圆形和三角形，感悟图形排列的规律。

5. 说一说。

（1）组织学生分成男、女生两队，按照身高从低到高排队回教室。

教师追问：我们班是男生多还是女生多？

（2）引导学生说说在游戏过程中有什么收获。

鼓励学生分享他们的收获，教师及时给予评价。

▶▶ 设计意图

在学生排队回教室过程中，引导学生比较男女生人数，掌握一一对应的比较方法。游戏结束后总结经验及方法，帮助学生积累活动经验。

活动二　在教室里玩一玩

1. 游戏"听指挥做动作"。

游戏规则：

（1）教师说指令（如第几组同学站起来，第几组第几个同学举右手），学生迅速做，看谁做得又快又准确。

（2）熟悉规则后，可让学生交替喊指令，做动作。

▶▶ 设计意图

在前期的游戏中，学生已经初步掌握了"几"和"第几"的概念，通过指令做动作，从室外游戏转换到教室场景，进一步内化学生对数和数量的认识。

2. 游戏"正话反做"。

游戏规则：

（1）两人为一组，开展游戏，一人说，一人做。

（2）一个人说动作，另一个人就反着做，但反应要快且准确：当听到向左转时，要向右转；当听到向右转时，要向左转；当听到向后转时，原地不动；当听到摸摸左耳，要摸摸右耳；等等。

▶▶ 设计意图

学生已经能初步辨别"上、下、前、后"位置关系，通过"正话反做"进一步学习"左、右"位置关系，感悟位置与生活的密切联系，同时在游戏中培养推理能力。

3. 游戏"抢椅子"。

游戏规则：

（1）游戏开始前先把椅子摆成圆形（按照参加人数少一计算，即6人的话摆5把），每组参加学生在凳子外围围成一圈，教师放音乐，音乐响，学生围着椅子顺时针或者逆时针跑动。

（2）当音乐停止时，参加学生要迅速抢到一把椅子坐下，没有抢到椅子的学生被淘汰。然后在抽出一把椅子后，继续游戏。

（3）依此类推，直到只剩一把椅子，选出最后胜出者。

▶▶ 设计意图

教师在游戏过程中询问："为什么有人没抢到椅子？"引发学生思考：椅子数量比人数少一，所以每一轮总会有人被淘汰。进一步渗透一一对应的思想。

4. 游戏"拼搭图形"。

游戏规则：

（1）提前准备一些积木和平面图形。

（2）学生以二人为一组，自由拼搭，并说一说自己拼搭的过程。

▶▶ 设计意图

通过拼搭游戏，让学生进一步认识图形，让学生说一说是用什么图形进行拼搭的，巩固对数与数量的认识，同时培养学生的空间观念与应用意识。

任务三 学会学习

▶▶ 策略

学生刚从幼儿园迈进小学，对课堂学习还不适应，良好课堂规矩和学习习惯都未养成，有意注意的时间比较短。因此，教师应从学生的兴趣出发，借助多媒体手段，让学生在具体生动的情境下明晰各项学习要求和日常规则。最后可以通过竞赛游戏等方式巩固学生的学习成果，为接下来正式的数学学习打下良好基础。

建议安排 1 课时。

1. 常规训练（见教材 10、11 页）。

（1）教师借助多媒体手段，给学生交代课前准备、上课交流等日常规则。

（2）学生练习，然后比比谁课前准备做得最快。

2. 游戏"我说你对"。

教师发布口令，学生对口令，巩固学习准备训练。样例如下。

（1）课堂口令：

一二三——坐端正。

小眼睛——看老师。

小嘴巴——不说话。

小耳朵——仔细听。

小小手——放桌上。

（2）上课提示口令：

拿出数学书——我就拿出数学书。

请把书翻开到第 ×× 页——我就把书翻开到第 ×× 页。

合上课本——我就合上课本。

（3）候课口令：

铃声响——进教室。

铃声落——安静坐。

▶▶ 设计意图

　　新课标指出：学生的学习应是一个主动的过程，认真听讲、独立思考、动手实践、自主探索、合作交流等是学习数学的重要方式。本任务三中一共有四幅主题图：每天 8:30 开始上课，学生认真听讲，举手发言用右手，书本摆在左上角，与同桌分享喜欢的地方。教师通过常规训练和游戏，将这几幅图的内容融入活动中，有利于培养学生守时的好习惯、良好的学习习惯、分享交流的习惯，最终让学生形成积极的情感、态度、价值观，为学生形成核心素养做积极准备。

单元反思

　　《教育部关于大力推进幼儿园与小学科学衔接的指导意见》明确提出："小学实施入学适应教育。"意味着教师要为儿童的入学适应考虑，要帮助儿童适应小学学习，要把入学适应贯穿于小学新生教育的全过程之中。"将入学适应教育作为深化义务教育课程教学改革的重要任务，纳入一年级教育教学计划，教育教学方式与幼儿园教育相衔接"。入学适应是幼小衔接中的关键一环，也是具有挑战性的环节。学生如果没有充分的入学准备，一定会有更多适应困难；就算有了充分的入学准备，也不等于就能适应小学的学习。所谓充分的入学适应，不只要令学生适应小学学习，更应令学生对小学学习感兴趣，有好奇心、求知欲，乐于学习，善于学习。

"在一年级第一学期的入学适应期，利用生活经验和幼儿园相关活动经验，通过具体形象、生动活泼的活动方式学习简单的数学内容"，这是新课标中的重要理念。强化情境体验，淡化知识教学，如何将知识有情有趣地根植于学生心中，将教材编写意图贴近学生生活实际，值得教师思考。"数学游戏"是本册教材的起始内容，是准备课，教师应通过游戏化学习让刚入学的学生适应数学学习，消除进入新环境的陌生感，并在学生参与游戏的整个过程中，了解学生的数学经验，为后续的教学做准备，帮学生更好地进行幼小衔接。这个课要为学生提供一个平稳的过渡与适应过程。

"数学游戏"这个单元，教师基于游戏思维，构建单元学习场域，以核心概念、关键能力为主线，通过设计具有游戏要素的学习活动组织学生学习，力求让学生多感官参与，在"玩中学""玩中思"，促进学生数学认知及思维的发展。在"数学游戏"这个主题中，教师要力求做到以下几点。

一是，游戏化学习要契合学生的"情"。

不同于常规数学课，数学游戏课具有其独特的价值，它不仅聚焦于数学知识，还蕴含思维、情感和社会功能。一节数学游戏课的定位是否恰当，需要教师综合考虑其游戏功能与课程目标、学情的匹配程度。课堂上，学生的认知基础和思维水平各不相同，只有及时了解学生的已知、未知、想知、能知，才能确定学生游戏活动的"最近发展区"，从而准确把握教学深度，动态调整教学目标，进行针对性教学。

从幼儿园到以学习为主的小学，入学不适应现象或多或少会在一年级学生身上出现。教师如何消除一年级学生入学的恐惧感与陌生感，创设学生熟悉的生活情境，帮助他们有序过渡？游戏无疑是最好的载体。

游戏之所以能吸引学生，是因为其目标清晰，当学生实现一个小目标后，会获得成就感。而在数学课中加入游戏，可以培养学生的挑战、好奇、控制、幻想、合作、竞争、尊重等素质，激发内驱力，吸引他们积极参与。

"数学游戏"这一单元巧妙地将数、数量、图形、方位、时间等知识融入各个游戏中,在具体情境中,学生回顾自己在学前阶段经历的与数学学习相关的活动。低年级学生形象思维占主导地位,在游戏中,他们在模仿中探索、探索中发现,提取原有经验,发展再生经验,这会使学生能比较准确地表达自己对数、数量、图形、方位、时间等数学知识的理解,初步形成量感和数感,培养学生的几何直观和空间观念。

二是,游戏化学习要紧扣知识的"核"。

问题是数学的心脏,思维是数学的内核,以情境游戏为载体,借助数学问题推动学生对知识的理解,促进思维发展,这是进行低年段教学的重要方式。教材对"数学游戏"一共设计了五个板块:一是在校园里找一找,二是在操场上玩一玩,三是在教室里认一认,四是在教室里玩一玩,五是学习准备。原有的"准备课""位置""认识钟表"等单元已被取消,相关的教学内容被巧妙地融入全新的数学游戏环节中。教师在设计游戏的时候只有紧扣学习内容的数学实质,才能有效地让学生获得数学基础知识、基本技能、基本思想和基本活动经验(后文简称"四基"),及让学生发展运用数学知识与方法发现、提出、分析和解决问题的能力(后文简称"四能"),而游戏化学习的目标设定、活动组织、评价反思,都需要围绕内容之"核"开展。例如,在本单元游戏中,排队有序进教室和"抢凳子"游戏,教师应更注重转向多与少的比较,即"一一对应"思想这一内核,在玩中串联比多少,比高矮,实现知识结构化进阶。在"玩一玩"这个大任务中,一共设计了两个大活动,在操场上玩一玩和在教室里玩一玩,每个活动下都设计了几个小游戏,每个游戏都贴近学生的生活实际,简单易会。教师通过精简游戏设计,凸显重点,减少学生的信息加工步骤,充分保障游戏体验时间,为沉浸式学习提供可能。从室外到室内,游戏从易到难,层层递进,有效调动学生积极性,让学生充分感受数学学习的乐趣。

三是,游戏化学习要凸显思维的"形"。

在游戏化数学学习中,教师需要跳出游戏情境应用的"表层化"现象,要凸显数学学科的味道,更好地促进学生在游戏中生疑,在游戏中感悟,更好地帮学生理解数学概念。

在这个单元创设情境能较好地唤醒学生的认知经验，了解学生的学习起点，方便教师调整教学，有针对性施教。然而数学中的去情境化也很重要，只有从情境化来到去情境化，对数学现象进行简化和抽象，凸显数学本质，才能实现学生知识的有效迁移和意义建构。当然，学生数学认识的发展不能单纯依靠经验的简单积累，而更要依靠主体的积极思维，特别是对相关活动与已有认知的总结、反思与再认识。如在每一次游戏结束后，教师都会问"你有什么体会"或"你有什么发现"，让学生去思考、总结游戏中蕴含的数学知识和学习经验。因此，数学理解会在学生不断表达的过程中，伴随着观察、比较而不断强化。

教师会发现，在玩游戏的过程中能反映出学生的数学思维，因此，数学游戏的开展不仅要关注游戏结果，还要关注思考过程，这样才能帮助学生提高分析问题和解决问题的能力。火热的课堂需要冷静的思考，教师适时地提问，能引导学生主动思考。例如，在玩"抢凳子"游戏的时候，适时追问："为什么会有人没有坐到椅子？"引发学生思考，渗透数学知识，感悟"一一对应"的思想。

另外，在玩游戏的过程中，教师要关注到不同层次的学生。应多次开展活动，为不同认知层次的学生提供平台。

综上所述，"数学游戏"这一单元基于游戏思维构建单元场域，在内容整合、方法选择、活动策划等方面均体现出科学合理性，能够有效帮助学生从幼儿园到小学平稳过渡，养成良好的学习习惯。在实际教学中，教师应该根据学生的实际情况，灵活调整教学策略，做到因材施教，确保教学效果最优化。

六、资源辅助

1. 书刊推荐。

王永春：《小学数学核心素养教学论（第二版）》，上海，华东师范大学出版社，2021。

曹培英：《跨越断层，走出误区："数学课程标准"核心词的解读与实践研究》，上海，上海教育出版社，2017。

吴燕：《基于游戏思维 构建大单元学习场域——一年级上册起始单元解读与设计思路》，载《语文教学通讯》，2021（Z3）。

王素旦：《低年段数学游戏化教学设计的再认识》，载《教学与管理》，2022（11）。

虞永平：《把握"三全"原则 做好入学适应》，载《中国教育报》，2022-05-08。

2. 单元作业。

实践性作业：我的房间

（1）请你用"房间里有什么""我在房间的什么位置""房间里的什么东西在什么位置"等方式向自己的爸爸妈妈介绍自己的房间。

（2）有条件的话，请你的父母将你介绍的过程录制下来，与教师同学一起看，并让同学对你的介绍进行评价。

▶▶ 设计意图

学生在向爸爸妈妈介绍"房间里有什么""我在房间的什么位置"等时，会利用课堂上学到的量词、方位词，从而有效迁移介绍教室和校园的经验。

探究性作业：在生活中寻找位置的身影

（1）在生活中寻找"位置"的身影（可以从家中、街道、信号灯、电梯等处寻找）。

（2）请用"上、下、前、后、左、右"六个方位词展开想象，进行造句。

▶▶ 设计意图

学生通过在生活中寻找"位置"的身影，体会方位词带来的方便，感受数学在生活中无处不在。本作业也旨在通过调动学生的创造力和想象力，培养学生的创新能力。

3. "数学游戏"学习评价（见表 0-5）。

同学们，本单元"数学游戏"的学习结束了！来给自己的表现涂上小红花吧！

表 0-5 "数学游戏"学习评价

任务	具体内容	我的小红花
理一理	在本单元的学习中，我的收获有：	✿✿✿
试一试	画一画我在学校里最喜欢的一处地方。	✿✿✿
记一记	我喜欢本单元的学习。	✿✿✿
	我能全程参加游戏活动。	✿✿✿
	我敢于交流或展示自己的想法。	✿✿✿
	我愿意和同学一起合作互助。	✿✿✿
	我认真倾听别人的发言。	✿✿✿

数一数，我一共获得（　　）朵小红花。

第一单元
5 以内数的认识和加减法 ①②

一、内容概述

"5 以内数的认识和加减法"是教材中"数与运算"中的内容，是学生学习数概念最基础的内容之一，是小学生学习数学的开始。这一单元主要由三部分内容组成（见图 1-1）：一是 5 以内数的认识，二是 5 以内数的加减法，三是整理与复习。

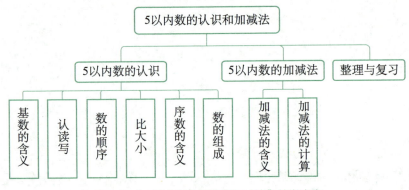

图 1-1 "5 以内数的认识和加减法"教学内容

新课标中与"数的认识"和"数的运算"的第一学段学习有关的提示和要求有：数的认识教学应为学生提供合理的情境；能用数表示物体的个数或事物的顺序；能用符号表示数的大小关系；探索加法和减法的算理与算法，会整数加减法；在简单的生活情境中，运用数和数的运算解决问题，能解释结果的实

---

① 编写者：杨丽娟，湖南省株洲市实验小学；康姣，湖南省株洲市荷塘区仙庾镇黄塘完全小学。

② 书中的"加减法"用法同新课标，故统一未加顿号。

际意义，形成初步的应用意识。

数概念教学的基本结构是：数的基数含义，数的认、读、写，数的顺序，数的大小比较（比大小），数的序数含义和数的组成。基于这样的基本结构，教材将一个个知识点单列出来，呈现了醒目的小标题，如"1~5 的认识""比大小""第几""分与合"等，使本部分的学习内容一目了然，便于学生把握学习重点。

本单元教材从素材的选择到呈现方式，都注意结合学生的生活经验，力求让学生在实际情境中学习相关数学知识，激发学生学习兴趣与欲望。

二、教学问题

大部分学生入学前已对 5 以内的数有一定认识，并能用 1~5 表示物体个数，对"同样多""多""少"等概念也有初步认识。但是，多数学生对于"数数"及"比多少"仅停留在表面，数数类似念歌谣，并不理解计数本质；没有掌握有序观察、有序点数的科学数数方法；也许能够判断事物数量的多与少，但不能运用"一一对应"的方法进行比较；缺乏对数的整体认知和数的意义、加减法含义的理解。因此，教师一定要让学生经历实物计数到抽象成数的过程，同时要加强数概念的多元表示方式，如用摆一摆、画一画、数一数、分一分、说一说等操作活动，理解数的意义。如果教师面对的学生有一定学习基础，课程的设计更应充满趣味性，设计有坡度的问题，引发学生深度思考，使学生认知提高到一个新水平。另外关于"="的教学，无论是在教科书上还是课堂教学中，传统上一直用等号表示运算的命令和结果，忽略了其本质上表示的是相等关系或者等价关系。因而在教学中，教师要强调"="左右两边的数或者式子是相等的，避免学生出现类似错误：3+1=（4）+2。

在本单元的学习中，需要选取与学生日常生活联系紧密的素材，帮助学生在具体的情境中学习数学，并逐步抽象出数学问题，初步体会数学的价值，产生学习数学的积极性。一年级学生对数字的结构和笔顺不易掌握，要写得整齐匀称、拐弯圆滑就更难。因此，教师应将写数字作为一个教学重点，指导学生规范书写，养成认真仔细、一丝不苟的良好书写习惯。

三、学习目标

1. 引导学生能正确数出数量为 1～5 的物品的个数，让学生在数（shù）与数（shǔ）的关系中认识数，经历从具体情境中抽象出数的过程，理解数的意义，初步建立数概念。

2. 引导学生在比较物品多少的活动中，理解"同样多""多""少"的含义，掌握一一对应比较物体多少的方法，初步体会"一一对应"的思想。

3. 引导学生初步理解加减法的含义，初步尝试选择恰当的方法进行 5 以内数的口算，感受数形结合、集合、对应等数学思想。

4. 通过整理与复习，让学生初步感知数的认知结构，形成知识体系。

5. 引导学生在观察、操作的活动中，增强学习兴趣，学会观察、倾听、合作、表达与交流，体验数学学习的乐趣。

基于课程内容、学情问题、"教—学—评"一体化的思考，下面将从核心素养、核心概念、掌握技能三个层面，对本单元进行整体的目标设定（见表 1-1）。

表 1-1　"5 以内数的认识和加减法"学习目标

核心素养		数感、符号意识、运算能力、模型意识。
核心概念		数（shù）与数（shǔ）、加法模型、减法模型。
掌握技能	知	认识 5 以内的数，能够正确认、读、写。 会区分几个（基数的含义）和第几（序数的含义）。 认识符号"＞""＜""＝""+""-"的含义。 初步理解加减法的含义。
	能	会用 5 以内各数表示物体的个数和顺序。 会用"大于""小于"或"等于"来描述 5 以内数的关系。 会用自己理解的方法口算 5 以内的加减法。 能运用 5 以内各数表示日常生活中的一些事物，并进行交流，解决实际问题，初步感受数学与生活的联系。

四、内容设计

新课标在设计体现结构化特征的课程内容方面，提出课程内容组织重点是对内容进行结构化整合，探索发展学生核心素养的路径。单独教概念是没有意义的，必须把概念纳入结构中才有利于理解和记忆；单独研究概念是没有意义的，数学只有研究概念间的关系、规律、模型，才有价值。因此，教师在教学小学阶段数概念最基础的"5 以内数的认识和加减法"单元时，应从数数、读数、写数、数的顺序、比大小、基数与序数、数的组成、数的加减法等方面，丰富学生对数的认识，凸显数概念教学结构化和整体性，为以后学生学习更大的数的认识打好基础。为此，在教学中，教师可对本单元内容进行整合设计（见表 1-2）。

表 1-2 "5 以内数的认识和加减法"整合前后的教学体系

整合前		整合后		目标定位
教学内容		教学内容		
数的认识	1～5 的认识	数的认识	1～5 的认识	理解数字 0～5 代表的意义，会用 0～5 表示物体的个数，能认、读、写各数，感受从具体到抽象的过程，领悟数学符号的简洁性，培养学生的数感、符号感。
	比大小		0 的认识	
	第几		比大小	
	分与合		第几	
数的运算	加法	数的运算	分与合	
	减法		加法	初步理解加减法的含义，会用自己的方法口算 5 以内的加减法，初步体会减法是加法的逆运算，初步形成模型意识和应用意识。
	加法运算		减法	
	减法运算		加减法运算	
	0 的认识和加减法		0 的加减法	
整理和复习	整理和复习	整理和复习	整理和复习	关联新旧知识，能够将所学的知识结构化、系统化。

教师在教学了 1～5 的认识之后，将 0 的认识前置，让学生在理解加减法含

义的基础上，整合 5 以内数的加减法（见表 1-3）。这样处理，更能体现教学内容的结构化，凸显数与运算的整体性与一致性，促进学生理解数与运算的本质。

表 1-3　"5 以内数的认识和加减法"教学过程

学习内容	课时	完成的任务	教学运行方式	效果测评要点
数的认识	5	1～5的数的认识	引导学生： ① 感知 1～5 各数的基数含义，同时会认、读这 5 个数。 ② 理解 1～5 的顺序，加深对数序的理解。 ③ 培养写字的能力，掌握写数字的方法。	① 会数 1～5 个物体的个数，会用 1～5 表示物体的个数。 ② 知道 1～5 的数序，并会认、读、写 1～5。 ③ 观察能力和动手操作能力。
		0的认识	引导学生： ① 理解 0 表示没有。 ② 体会 0 表示起点。 ③ 学习 0 的规范书写。 ④ 巩固对 0～5 的数的认识。	① 知道"0"的含义，会读、写"0"，熟悉 0～5 的数序。 ② 数感、语言表达能力。
		大小比较	① 教师出示主题图，引出大小比较的需求。 ② 学生利用已学的一一对应的方法，用文字或语言表征比多少的结果，沟通文字和图之间的关系。 ③ 教师引入关系符号"=">""<"，引导学生认识并理解其含义，知道读法、写法及其作用。	① 会比较 5 以内数的大小。 ② 知道"="">""<"的含义，能用数学语言描述物体个数的多少，并进行大小比较。 ③ 初步体会符号化的思想。
		序数含义	① 通过排队乘车的情境，深化学生对序数含义、基数含义的理解。 ② 引导学生进一步理解基数、序数的含义，体会数学与生活的紧密联系。 ③ 引导学生注意数数的方向。	① 在生活情境中体会自然数的序数含义，能够区分自然数的基数含义和序数含义。 ② 初步养成发现问题、提出问题的能力。

续表

学习内容	课时	完成的任务	教学运行方式	效果测评要点
		数的组成	引导学生： ① 探索 5 的分与合，完成摆、画、写、找的过程。 ② 进行知识迁移，自学 4 的分解式。	① 通过动手操作，探索并掌握 5 以内数的组成。 ② 探究数与数之间的关系，提高有序分析问题的能力。
数的运算	4	加法的意义	引导学生： ① 在情境中理解合并。 ② 在操作中理解合并。 ③ 在算式中理解合并。 ④ 深入体会加法的含义。	① 通过故事情境理解加法的含义，认识符号"+"，进一步感受"="的含义。 ② 正确读出加法算式。 ③ 通过实践操作、表述，具备动手操作能力、语言表达能力，具备初步的数学交流意识。
		减法的意义	引导学生： ① 在情境中理解"去掉"。 ② 在操作中理解"去掉"。 ③ 在算式中理解"去掉"。 ④ 深入体会减法的含义。	① 通过故事情境理解减法的含义，认识符号"−"，进一步理解"="的含义。 ② 正确读出减法算式。 ③ 通过看算式讲故事等活动，锻炼语言表达能力，逐步学会用数学知识进行交流和表达。
		加减法的计算	引导学生： ① 学习 5 以内数的加法计算。 ② 学习 5 以内数的减法计算。	① 在理解加减法含义的基础上，会正确计算 5 以内数的加减法。 ② 通过实践操作、讨论、表达等活动，自主探究加减法的计算方法。
		0 的加减法	引导学生： ① 探究相同的数相减的规律。 ② 探究一个数与 0 相加减的规律。	理解有关 0 的加减法的算理并能熟练地计算。

续表

学习内容	课时	完成的任务	教学运行方式	效果测评要点
整理和复习	1	整理、关联	引导学生： ① 自主整理"知识图"，对本单元知识进行整理。 ② 制作算式卡片、系统整理"5以内数的加减法"。	① 掌握5以内数的认识和加减法，能够将所学的知识结构化、系统化。 ② 具备有序的思想方法，观察、操作、表达能力，初步的自学能力、迁移类推能力。

　　"教—学—评"一致性是新课标背景下落实立德树人根本任务、实现学生核心素养发展的重要方式。因此，本书围绕核心素养，结合学习内容，设计了以下教学效果测评表（见表1-4）。

表1-4　"5以内数的认识和加减法"教学效果测评

维度	评价内容	评价等级	评价说明
数感	理解数的意义	☆☆☆☆☆	能说出一个数的组成并读数，得4～5颗星。
			知道物体或事物的顺序，得2～3颗星。
			能用数表示物体的个数，得1颗星。
符号意识	认识并会用数学符号进行表达	☆☆☆☆☆	认识符号"+""-"，知道"+"是对"合起来"的抽象表述，"-"是"去掉"的抽象表达，得4～5颗星。
			认识符号">""<""="，会使用这些符号表示数的大小，得2～3颗星。
			认识0～5这6个数字，得1颗星。
运算能力	正确计算	☆☆☆☆☆	正确率95%以上，速度每分钟25道以上，得4～5颗星。
			正确率在80%～94%之间，速度每分钟15～25道题，得2～3颗星。
			正确率在30%～79%之间，速度每分钟5～14道题，得1颗星。

续表

维度	评价内容	评价等级	评价说明
	算法灵活	☆☆☆☆☆	算法灵活多样，过程表征科学合理、简洁明了，得4～5颗星。
			算法合理，表征准确，得2～3颗星。
			能计算结果，不会表征过程，得1颗星。
	理解算理	☆☆☆☆☆	能有条理、有逻辑地说理，得4～5颗星。
			能说理，但表述无条理，得2～3颗星。
			会计算，不会说理，得1颗星。
推理意识	归纳推理	☆☆☆☆☆	会探索、交流、发现、归纳，得4～5颗星。
			能参与探索、交流，能做简单归纳，得2～3颗星。
			只会参与探索、交流，无发现、归纳能力，得1颗星。
	类比推理	☆☆☆☆☆	会观察、比较方法异同，会优化，得4～5颗星。
			能观察、比较异同，得2～3颗星。
			能参与观察、比较，但不会发现异同，得1颗星。
几何直观	数形结合思想	☆☆☆☆☆	会用图表、操作等解释、分析问题，形成习惯，得4～5颗星。
			能用图表、操作等解释、分析问题，未形成良好的习惯，得2～3颗星。
			没用图表、操作等解释、分析问题，得1颗星。
模型意识	建构模型	☆☆☆☆☆	会多角度观察、分析"总量与分量"的数量关系，用加减法解决问题，得4～5颗星。
			能分析"总量与分量"的数量关系，用加减法解决问题，得2～3颗星。
			能模仿着去解决问题，但没有模型意识，得1颗星。

续表

维度	评价内容	评价等级	评价说明
应用意识	有意识运用数学知识解决实际问题	☆☆☆☆☆	会灵活多样地用加减法解决实际问题，得4~5颗星。
			能用加减法解决实际问题，得2~3颗星。
			能解决部分实际问题，得1颗星。

五、教学实施

任务一 数的认识

▶▶ **策略**

　　在教学中，教师为学生提供熟悉的情境，使学生感受具体情境中的数量，借助小方块、圆片和小棒等表示相对应的数量，再过渡到用数字表达。让学生经历"看图—认数—写数"的学习过程，通过摆一摆、画一画、数一数、分一分、说一说等活动，让学生从生活情境中抽象出数，在具体情境中理解数的意义。

　　建议安排5课时。

活动一　1~5的数的认识

1. 数一数。

　　师：仔细观察教材12、13页"一、5以内数的认识和加、减法"主题图"农家小院"中的人和物，你看到了什么，数一数有几个？

　　学生交流：图中有1栋房子、1只狗、2只鹅、3只鸟、3个萝卜、4朵向日葵、4个南瓜、5只鸭子、5个玉米。

2. 涂一涂。

　　师：你能根据"农家小院"图中的人和物的数量，给圆圈涂上颜色吗（见

图 1-2）？

图 1-2

3.想一想。

（1）师：1 还能表示生活中的哪些事物的数量？ 2、3、4、5 呢？

（2）师：1 栋房子、1 只狗、1 只猫、1 个菠萝、1 支笔为什么都可以用 1
来表示？

4.拨一拨。

借助计数器，感知 1～5 的顺序。

教师在计数器上拨珠子，动态展示"1 颗添上 1 颗是 2 颗，即 1 添上 1 是 2"
的过程，在"2"的基础上，依次让学生在计数器上拨一颗，再拨一颗，再拨一
颗，然后教师利用课件清楚地展示"2 添上 1 是 3，3 添上 1 是 4，4 添上 1 是
5"，即每一个数都是前一个数添上"1"后得到的。让学生依次感知 3、4、5 是
怎么来的，并板书 1～5 这几个数。最后，共同给小正方体排排队，理解数的顺
序（见教材 15 页中间"拨一拨，数一数"图）。

5.写一写（见教材 15 页下方数字 1～5 书写图）。

（1）想一想，说一说：每个数字像生活中的什么？先在小组里说，再在班
上汇报。

（2）看一看，画一画：观察数字的规范书写，伸出食指，在空中画一画。

（3）描一描，写一写：照虚线描数字，并在田字格中写一写。

▶▶ 设计意图

　　"1～5 的数的认识"是数的概念中最基础的知识之一，是小学阶段
全面、系统地进行数的认识的起始课，在整个数学学习中具有基础作
用。本节课作为数概念教学的种子课，通过让学生充分观察主题图，引
导学生初步经历"从具体到半抽象，从半抽象到抽象，再从抽象回到具

体"的完整的认数的过程，从数数的过程中感悟一个数后面再增加一个数就变大，为理解加减法意义做了准备。借助操作活动掌握数数、写数、计数等基本技能，让学生感悟自然数列的特征，形成简单的推理意识，以结构化视角认知数的概念的本质。

活动二　0 的认识

1. 数一数，理解 0 表示没有。

教师展示熊猫把盘子中的竹笋逐次吃掉的动态过程（见教材 30 页上侧熊猫吃竹笋图）：开始时，盘中有 2 个竹笋，用 2 表示；吃掉 1 个，剩 1 个，用 1 表示；最后又吃掉了 1 个，盘中没有了。

总结：一个也没有可以用"0"来表示。

2. 看一看，体会 0 表示起点。

（1）找一找。

师：你能在直尺上找到 0 吗？

师：直尺可以用来测量物体的长度，一般我们将物体的一端对准 0 刻度开始测量，这里的"0"表示测量的起点。

（2）读一读。

师：从 0 开始，读一读尺子上的数，你有什么发现？

生：直尺上数字从 0 开始，越往后数越大，相反的，数越大，离 0 就越远。

（3）说一说。

师：你还在哪儿见过 0？

3. 写一写，规范 0 的写法（见教材 30 页数字 0 的写字图）。

（1）提问：我们已经认识了 0，你觉得 0 像什么？

（2）示范：课件动态演示 0 的写法，教师在田字格上示范书写 0。

（3）学生闭眼想象，书空，描红，练习。

（4）作品展示，生生互评。

4.知识整理，巩固0～5的认识。

师：截至目前，我们学过的数有哪些？请你说一说并写一写。

（1）说一说，读一读这些数。

（2）写一写这些数。

▶▶ 设计意图

通过创设"熊猫吃竹笋"的情境，让学生体会从有到无的变化过程，学生发现自己在已学的数中无法找到一个数表示"一个也没有"，引发认知冲突，教师此时引入新课，激发学生的学习兴趣，也为接下来学习看图列式计算打下基础。教师利用直尺，引导学生理解"0"表示"起点"的意思，同时培养学生的数感，进一步加强对数序的理解。通过知识整理，进一步加强0～5的数的认识，培养学生的语言表达能力和知识概括能力。

活动三　大小比较

1.数一数。

师：仔细观察这张猴子吃水果的图（见教材17页上侧），你看到了什么，数一数有几个？

学生交流：有3只小猴子、2根香蕉、3个桃子、4个梨。

2.比多少。

师：1只小猴子吃1个桃，够吗？香蕉、梨呢？

师：怎样能够一眼看出哪种水果够吃，哪种水果不够吃？

教师让学生用学具卡片按照自己的想法，摆放小猴子和三种水果。之后请学生做作品展示。

学生展示预设如下。

生1：我是用数数的方法判断的，我数出有 3 个桃子，和小猴子数量一样多；数出有 2 根香蕉，比小猴子的只数少；数出有 4 个梨，比小猴子的只数多。

生2：我采用一一对应的方法，上面一行摆水果的图片，下面一行摆小猴子的图片。通过观察、对比我发现，桃子和小猴子一样多，香蕉比小猴子少，梨比小猴子多。

生3：我的结论和前面的同学是一样的，不同的是我是竖着排，小猴子三列，每列三只，每列右侧摆水果，三种水果三列。

3. 学生对比总结。

师：你最喜欢谁的摆法？说说你的理由。

师：我们把这种有序排列的方法称为一一对应。比较两种不同事物的多少，可以直观看，可以数，也可以用一一对应的方法进行比较。一一对应的方法更清晰，更有序。

4. 认识数学符号。

（1）认识关系符号。

师：用文字表示多或少的方法太麻烦了，今天我们来认识几位新朋友"="">""<"。

（2）理解关系符号（教师依次展示教材 17 页中部一一对应图及解释文字）。

教师板书：左边小猴子是 3 只，右边桃子也是 3 个，3=3。

教师板书：左边小猴子是 3 只，右边香蕉是 2 根，3>2。

教师板书：左边小猴子是 3 只，右边梨是 4 个，3<4。

（3）区分">""<"。

师：你是怎样识记">""<"的？和同桌交流。

以游戏的方式，熟悉并记忆这三种关系符号。

① 教师说符号，请学生用手势摆出相应的符号。

② 师生一起唱儿歌，做游戏。

大数在前用大于，

小数在前用小于，

相同数间用等于。

开口大，朝大数，

尖头小，对小数。

（4）带学生书写"＝""＞""＜"。学生在书中田字格里描一描、写一写。

▶▶ 设计意图

教师应创设学生喜欢、熟悉的情境，帮助学生产生学习需求。在学生用文字等方式表达比大小结果后，引入数学符号，感受到数学符号的合理性和简洁性。在比较的过程中，引导学生对物品进行有序排列，凸显一一对应的思想。

活动四　序数含义

1.初步感知"几"和"第几"。

课件出示教材19页上侧排队图。

（1）数一数：图上有哪些人？一共有几个人在排队？

预设：一共有5个人在排队，2个叔叔，2个阿姨，1个小男孩。

（2）猜一猜：谁会最先上车？你是怎么知道的？

预设：扎马尾的阿姨最先上车，因为她排在第1个。

师：从前往后数，扎马尾的阿姨的确排在第1个（板书：第1）。

师：小男孩排第几？你是怎么知道的？他前面有几个人，后面有几个人？

预设：小男孩排在第2，我是从前往后数的，他前面有1个人，后面有3个人。

（3）说一说：你能说说另外几个人的排队情况吗？

2.理解"几"和"第几"的不同含义。

（1）两个5的不同含义。

师：1个叔叔排第5，排队的一共有5人。这里的两个"5"，表示的意义一样吗？请你动手圈一圈。

预设：5人表示排队的一共有5个人，第5表示位置排在第5的叔叔这1个人。

（2）两个4的不同含义。

师：图中的4在哪里？（生：图中有4个人，也可以表示拖行李箱的叔叔排第4。）

（3）说说3、2、1的两种意思。

师：选择1个你喜欢的数，看图，先想一想这个数可以表示哪两种意思，再和同桌说一说。

师：原来"几"表示一共有几人，"第几"表示其中的1个人，这就是我们今天要学习的知识（板书：第几）。

3. 巩固"几"和"第几"的不同含义。

（1）教材19页"做一做"第2题。

师：这一家一共有□人。从左面数起，爸爸排在第□。

师：两个□里的数表示的意思是一样的吗？

（2）出示教材19页"做一做"第1题。

① 师：从左边数，圈出4只小鸟，给第4只涂色。

② 师：从右边数的第2只小鸟飞走了，还剩□只小鸟。

▶▶ 设计意图

　　教学情境生活化，促进知识融入。教材安排贴合学生生活的排队情境，给学生提供丰富的多种感官参与的学习活动，让学生在活动中积累经验。教学中由点到面，借助主题图，带学生通过圈一圈和语言表达，初步感知基数和序数的不同，再由扶到放让学生自主表达4、3、2、1两种含义，进一步深化学生对几个（基数的含义）和第几（序数的含义）的理解。

活动五　数的组成

1. 探索 5 的组成。

5 个玉米分成两堆，可以怎样分？

（1）操作示范。

师：拿出 5 个圆片在课桌上摆成一排，表示 5 个玉米。要把 5 个玉米分成两堆，该怎么放？请你们自己摆一摆，分一分，看谁想到的方法多。

（2）学生动手操作。

（3）交流汇报。

师：刚才大家都有了自己的想法，谁能到黑板上分一分？请一边分，一边说给大家听（用磁性教具代替玉米进行演示）。

学情预设：

生 1：可以一堆放 2 个，一堆放 3 个；可以一堆放 1 个，一堆放 4 个（分法有遗漏）。

生 2：可以一堆放 3 个，一堆放 2 个；可以一堆放 1 个，一堆放 4 个；可以一堆放 2 个，一堆放 3 个；可以一堆放 4 个，一堆放 1 个（分法杂乱）。

生 3：可以一堆放 1 个，一堆放 4 个；可以一堆放 4 个，一堆放 1 个；可以一堆放 3 个，一堆放 2 个；可以一堆放 4 个，一堆放 1 个（分法有重复）。

生 4：可以一堆放 1 个，一堆放 4 个；可以一堆放 2 个，一堆放 3 个；可以一堆放 3 个，一堆放 2 个；可以一堆放 4 个，一堆放 1 个（有序分，左边一堆越来越多，右边一堆越来越少）。

生 5：可以一堆放 4 个，一堆放 1 个；可以一堆放 3 个，一堆放 2 个；可以一堆放 2 个，一堆放 3 个；可以一堆放 1 个，一堆放 4 个（有序分，左边一堆越来越少，右边一堆越来越多）。

（4）对比总结。

师：你最喜欢哪种分法？说说你的理由。

师：怎样分才能做到不重复，不遗漏呢？

（5）5 的组成。

① 教师根据学生回答的4种分法，板书5的组成，具体如下所示（见图1-3）。

图1-3

② 对口令：5可以分成1和几？（5可以分成1和4。）1和几组成5？（1和4组成5，边说边做手势。）

2. 自学4的分解式。

师：你能用刚刚研究5个玉米分成2堆的方法，研究4可以分成几和几吗？

（1）师：请你画一画，写一写，觉得有困难的同学可以和同桌交流一下（见图1-4）。

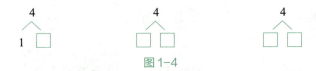

图1-4

（2）师：4可以分成几和几？几和几组成4？

▶▶ 设计意图

　　"数的组成"是运算的基础，在数的认识与数的运算中起到桥梁的作用。本活动探究5的分与合，学生通过摆、画、写、找的操作，梳理从具体到抽象的过程，体现数学的简洁美和符号美；发现分与合的互逆关系，渗透数形结合、全面、有序思考的思想。教师带学生进行知识迁移，学习4的分解式，为以后有序思考其他数的分与合奠定基础。

任务二 数的运算

▶▶ 策略

　　在本任务的教学中，教师主要应用"以形助数"的方法，通过说一说、画一画、摆一摆、写一写等活动，为学生提供了个性化表达的空间及丰富的感性认识，促使学生在充分的动手、动脑、动口的过程中，感受部分与整体的关系。学生完整体验"实物—图形—符号"的抽象过程，形成初步的应用意识，有效建立数的概念，直观感知数的大小，进而深刻理解算理，提高解题能力，发展运算能力，形成模型意识。

建议安排 4 课时。

活动一 加法的意义

1. 在情境中理解合并。

师：仔细观察该图（出示教材 24 页上侧女孩拿气球图），说一说你看到了哪些数学信息。

预设如下。

生 1：小姐姐给我们带来了 4 个气球。

生 2：小姐姐左手拿着 1 个气球，右手拿着 3 个气球，左手和右手合到一起，一共有 4 个气球。

生 3：小姐姐拿着 1 个白气球、3 个绿气球，合到一起，一共有 4 个气球。

2. 在操作中理解合并。

（1）摆一摆。

① 师：请用自己准备的学具来代替气球，把 3 个气球和 1 个气球合并起来的过程摆出来。

② 全班展示交流。

学情预设：

生 1：我把 3 个圆片和 1 个圆片合在一起，一共是 4 个圆片。

生 2：我把 3 根小棒和 1 根小棒合在一起，一共是 4 根小棒。

生 3：我把 3 支铅笔和 1 支铅笔合在一起，一共是 4 支铅笔。

（2）想一想。

① 思考：让我们一起回顾一下，刚才小姐姐把 3 个气球和 1 个气球合在一起得到 4 个气球，小明把 3 个圆片和 1 个圆片合在一起得到 4 个圆片，两者有什么相同的地方吗？

预设：都是把 3 个东西和 1 个东西合在一起，得到 4 个。

② 体验：现在我们不用气球和学具，你还能用你喜欢的方式把刚才这个意思记录在纸上，争取让大家看明白吗？

3. 在算式中理解合并。

（1）认识符号。

师：把两个数合起来，在数学上可以用这样的符号来表示（板书：+）。谁知道这个符号叫作什么？

生：加号。

（板书：加号）

（2）读写算式。

列式：3+1=4。读作：3 加 1 等于 4。（注意算式中的每个数与图、圆片一一对应。）

（3）加深理解。

提问：大家能看懂这个算式的意思吗？谁来说一说？

预设如下。

生 1：3 个气球和 1 个气球合在一起，一共是 4 个气球。

生 2：3 个圆片和 1 个圆片合在一起，一共是 4 个圆片。

师：谁能结合刚才的例子分别说一说 3+1=4 中，"3""+""1""=""4"的意思？

4. 深入体会加法的含义。

（1）师：完成教材上第 24 页"试一试"，说一说算式的意义。

（2）师：比较上、下两幅图都用 3+1=4 表示，有什么相同点？有什么不同点？

（3）师：你能用 3+1=4 讲个故事吗？试试看。

▶▶ 设计意图

　　"加法模型"是小学阶段"数与运算"中重要的数学模型，本活动从学生熟悉的生活情境出发，引导学生从图意中抽象出数学算式，并用数学语言进行描述，使学生在情境中、操作中和算式中理解合并的意思，为建立加法的模型奠定基础。通过引导学生说一说等式的含义，进一步理解"="不仅表示运算的命令和结果，还表示相等关系或者等价关系，让学生形成初步的符号意识与推理意识。

活动二　减法的意义

1. 在情境中理解"去掉"。

师：仔细观察（出示教材 26 页上侧男孩拿气球图），说一说你看到了哪些数学信息。

预设如下。

生 1：有 4 个气球，飞走 1 个，还剩 3 个。

2. 在操作中理解"去掉"。

（1）引导学生自主操作。

师：请用自己喜欢的方式表示"4 个气球，飞走 1 个，还剩 3 个"，并让大家看明白。

（2）交流、展示。

① 摆一摆。

预设：学生先摆 4 个小圆片（或小棒、小正方形），拿走（或移开）1 个，还剩 3 个。

② 画一画。

师：（展示多种画法）比一比哪种画法更容易看明白，为什么？

3. 在算式中理解"去掉"。

（1）认识减号。

师：我们知道合起来用"+"表示，那么"去掉"用什么符号表示呢？

课件演示："+"中间的竖线消失，变成"－"。

师：这个符号就是大家常说的减号。（板书：减号）

（2）理解减法算式的含义。

师：从 4 个里面去掉 1 个，求还剩几个？应该怎样列式呢？（板书：4－1＝3）

师：你会读这个算式吗？

生：4 减 1 等于 3。

师：在这个算式里，4、3、1 分别表示什么意思？

4. 深入体会减法的含义。

（1）师：完成教材上第 26 页"试一试"，说一说算式的意义。

（2）师：上、下两幅图都用 4－1＝3 表示，有什么相同点？有什么不同点？

（3）师：你能用 4－1＝3 讲个故事吗？试试看。

▶▶ 设计意图

　　新课标在数量关系教学的教学提示中强调："通过创设简单的情境，提出合适的问题，引导学生发现数量关系。"通过让学生经历情境、操作、算式来表示分气球的过程，初步感知算式的意义，初步理解算式表达的数量关系，让学生基于"去掉"的意义来理解减法运算，在解释计算结果的实际意义中感悟结果的意思，有效培养学生数感、计算能力和解决问题的能力。

活动三　加减法的运算

1. 加法运算。

（1）说一说。

①师：仔细观察（出示教材 25 页上侧松鼠和松树图），说一说你看到了哪

些数学信息。

②师：求一共有多少只小松鼠，能不能用我们已经学过的知识来解决呢？

（2）小组合作，探究算法。

①师：独立思考，尝试在本子上列出算式并写出结果。

②同桌交流：为什么要用加法？你是怎么算出得数的？

（3）全班交流，展示算法。

预设方法一：点数法。从实物图中一个一个数出来，一共是 5 只小松鼠，所以 3+2=5。

预设方法二：接着往后数。3 后面接着往后数 2 个数，就是 4、5，所以 3+2=5。

预设方法三：数的组成。3 和 2 合成 5，所以 3+2=5。

师：加号前面的"3"表示什么？加号后面的"2"呢？"5"又表示什么？

（4）师生评价，总结提炼。

师：你最喜欢哪种算法？为什么？

2. 减法运算。

（1）说一说。

①师：仔细观察（出示教材 27 页上侧松鼠和松树图），你知道了哪些数学信息？请提出一个数学问题。

②师：求还剩几只，应该怎样列式？请说说你的理由。

（2）同桌合作，探索算法。

①独立计算"5−3=？"。

②同桌交流：你是怎么算出来的？

（3）全班交流，展示算法。

预设方法一：点数法。在实物图中把事物一一数出来，5 只小松鼠，跑走了 3 只，树上只剩下 2 只小松鼠，所以 5−3=2。

预设方法二：倒着数。从 5 倒着数，5、4、3，还剩下 2 只，所以 5−3=2。

预设方法三：数的组成。5可以分成3和2，所以5-3=2。

（4）师生评价，总结提炼。

师：你最喜欢哪种算法？

3. 初步感知加减法的关系。

（1）师：对比加法和减法两幅主题图，有什么相同的地方，有什么不同的地方？

（2）师：对比3+2=5、5-3=2这两个算式，你有什么发现？

▶▶ 设计意图

> 新课标指出，数的运算重点在于理解算理、掌握算法，感悟数的运算以及运算之间的关系，学生应体会数的运算本质上的一致性，形成运算能力和推理意识。本课以解决问题为线索，从"总量＝分量＋分量"关联到"分量＝总量－分量"，在教学中不仅理解了运算的意义，还初步理解参与运算的总量与分量这两个对象的关系，初步感悟加法、减法模型。通过观察、对比、交流等思维活动，丰富对"模型"的认识，使学生对"加法、减法模型"建立初步感知，感悟减法是加法的逆运算。

活动四　0的加减法

1. 探究相同的数相减的规律。

展示3只小鸟飞走的图（见教材30页中部黄色小鸟图）。

（1）说一说。

师：请你说说你对图的理解。

预设：鸟巢里有3只小鸟，全部都飞走了，现在鸟巢里1只小鸟也没有。

（2）想一想。

师：鸟巢里有3只小鸟，现在都飞走了，还剩多少只小鸟？你能用算式解决这个问题吗？

① 学生独立完成。

② 学生汇报，教师评价。

生 1：原来有 3 只小鸟，飞走了 3 只，现在鸟巢里 1 只小鸟也没有，就是 0 只，因为 0 可以表示什么都没有。

生 2：我是列的算式，3−3=0。

师：在加减法算式中，什么都没有也可以用 0 来表示，所以这道题的列式计算为 3−3=0。

（3）联系生活，举例应用。

① 练习巩固：5−5=□；2−2=□；4−4=□；1−1=□；3−3=□。

② 师：生活中还有哪些情境可以用这些算式来表达？举例说一说。

归纳小结：两个相同的数相减得 0。

2. 探究一个数与 0 相加减的规律。

出示荷叶与青蛙图（见教材 30 页中部）。

（1）观察主题图，尝试列式计算。

① 学生独立完成习题，教师对学困生进行指导。

② 学生汇报，教师评价。

预设如下。

生 1：这幅图的意思是第 1 片荷叶上有 4 只青蛙，第 2 片荷叶上没有青蛙，两片荷叶一共有多少只青蛙？

生 2：第 2 片荷叶上 1 只青蛙也没有，可以用 0 表示。

生 3：列式计算为 4+0=4，因为 0 表示 1 个都没有，所以 4+0=4。

（2）联系生活，巩固应用。

① 练习巩固：

3+0=□；2+0=□；0+4=□；0+1=□；

3−0=□；2−0=□；4−0=□；1+0=□。

② 师：生活中还有哪些情境可以用这些算式来表达？举例说一说。

归纳小结：一个数与 0 相加或相减还等于原数。

▶▶ 设计意图

引导学生结合故事情境列式解答，可把抽象的知识变成看得见、讲得清的现象，让学生更深刻理解算式含义。引导学生举例和归纳，使学生思维、语言有机结合，促进学生的深度思考，渗透符号意识，培养学生初步的归纳概括能力。

任务三 整理和复习

▶▶ 策略

通过回顾与练习等方式，带领学生对 5 以内数的认识和加减法的知识点进行全面整理和复习；在整理知识图和交流展示过程中，让学生加深知识间的关联，培养学生观察、操作、表达能力，初步的自学能力和迁移类推能力；在练习中让学生体验、感悟用加减法的意义解决实际问题，逐步积累解决问题的经验和策略。

建议安排 1 课时。

1. 梳理知识点，形成知识图。

（1）回顾：说一说，第一单元我们学了哪些内容。

根据学生的回答，适时出示若干卡片："5 以内数的认识""比大小""分与合""加减法""第几"等，散乱地放在黑板上（卡片样式如教材 31 页下方"知识图"）。

（2）整理：请大家依据学习的前后顺序整理这些知识卡片，完成知识整理图，找到知识间的联系。

（3）交流：鼓励学生通过具体的实例来说明，以此加深对所学知识的理解。

2. 制作算式卡片，系统整理"5 以内数的加减法"。

（1）写一写，理一理：在卡片上写出 5 以内所有的加减法算式，再整理一下（见图 1-5）。

0+0					
1+0	0+1				
2+0	1+1	0+2			
3+0	2+1	1+2	0+3		
4+0	3+1	2+2	1+3	0+4	
5+0	4+1	3+2	2+3	1+4	0+5

0-0					
1-0	1-1				
2-0	2-1	2-2			
3-0	3-1	3-2	3-3		
4-0	4-1	4-2	4-3	4-4	
5-0	5-1	5-2	5-3	5-4	5-5

图 1-5

（2）想一想，说一说：上面的加法算式和减法算式各是怎样排列的？

（3）指一指，算一算：任意指一个算式，说出得数。

（4）找一找，算一算：计算每行最后一个算式的得数，你发现什么？

▶▶ 设计意图

　　知识梳理能力是指学生在学习过程中对知识的归纳、整理能力，它属于学生的应用技能。"5 以内数的认识和加减法的整理和复习"是教材第一单元的回顾整理课中的内容，这是学生进入小学阶段的第一次数学课回顾整理，通过画出"知识图"并展示交流，让学生完善数学认知结构，培养学生归纳概括能力，发展思维能力，厘清知识间的联系，构建结构化知识体系。

"5以内数的认识和加减法"在教材中是"数与代数"中的内容，是小学数学学习的基础，对培养学生的数学思维和计算能力至关重要。这一部分的内容是数的认识与数的运算的起始课，今后学生还会进一步学习6~10的认识和加减法、11~20的认识等知识，所以学习好这部分知识，能为后续数的认识和运算奠定一个良好的基础（见图1-6）。

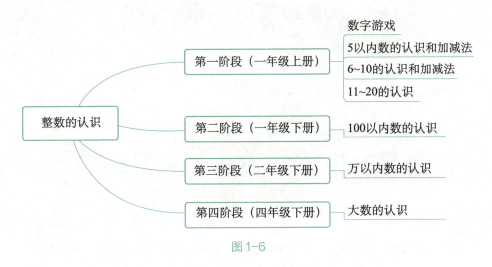

图1-6

新课标对一年级学生在"数与代数"中的学习有明确的内容要求，教师应让学生在具体的生活情境中理解数的意义，了解数运算的实际意义，并对这些运算之间的关系有所感悟。新课标的学业要求更偏向于对学生的实际操作能力和数学意识的培养。具体来说，学生应能用数来表示物体的数量或事物的顺序，并能正确地认、读、写出100以内的数。结合这两个要求，可以看出新课标不仅仅注重学生的数学知识学习，更重视学生如何将这些知识应用到实际生活中，以及如何培养学生的数学思维和意识。

结合新课标和本单元内容，有以下思考。

一是，创新使用教材。

"5以内数的认识和加减法"这个单元利用结构化思维进行整体教学设计，充分融合了数学教学的多个核心素养维度，通过实际操作、小组活动等方式，让学生在简单的生活情境中，运用数（shǔ）和数（shù）的运算解决问题，能解释结果的实际意义，形成初步的数感、符号意识、运算能力、模型意识和应用意识。

整个单元分成 3 个大任务，分别是"数的认识""数的运算""整理复习"，教师在教学了 1～5 的认识以后，将 0 的认识前置，在理解加减法含义的基础上，教师把 5 以内数的加减法进行了整合。这样处理，更能体现教学内容的结构化，凸显数与运算的整体性与一致性，促进学生理解本质。

二是，注重习惯养成。

初入学的小学生对数字的结构和笔顺不易掌握，尤其是对有拐弯的数字（如 5、2、3、0）书写不整齐、不匀称，因此，教学生写好数字是本单元的一个重点，这对学生以后的学习至关重要。

教学写数字时，教师可以进行如下尝试：先教师示范书写，学生弄清楚起笔、笔顺、终点的标志；学生再按照范例书写（可以先临摹），一写一对照；最后教师检查纠错，展示书写美观的作业，个别指导书写不规范的作业，让学生养成认真仔细、一丝不苟的良好习惯。

三是，培养数学素养。

在数概念的建立过程中，会用数字、符号或图形进行表示和交流，是小学数学学习的重要目标之一，而初步建立数感、符号意识也是本单元的教学重点之一。教学时，教师可以充分利用学生的生活经验让学生建立数感。如，引导学生用 1～5 各数表示一些物体的个数和顺序，让学生用不同的方法表示数。再如，认识"＞""＜"，可以让学生涂一涂、比一比、画一画，在具体情境中感受这些符号可以表示两边数的大小，建立符号意识。

四是，渗透数学思想。

数数、比较数的大小都离不开集合、对应、统计等理论，这些不能抽象地向学生解释，要在认数、比多少、计算的教学中对学生进行渗透，让学生获得一些感性的认识。

在认数和加减法计算时，可以用三角形、正方形、长方形、圆等多种学具，运用数形结合思想引导学生。如认识 3 和 4 的时候，让学生用小棒摆三角形和正方形，感受三角形有 3 条边，正方形有 4 条边。

在理解加减法含义的时候，尽可能地采用情境图、直观图，让学生"看图说说算式表示的意思"和"用自己喜欢的图表示算式的意思"，帮助学生加深对算式的理解。如画图表示"2+3""5-4"等，这样既为抽象的算式提供了丰富的表现形式，又促进了学生对加减法的自我内化、自主建构。

五是，尊重学生的个性。

计算方法多样化，是学生处于不同层次水平的必然结果。在教学中，教师要尊重学生的个性和个体之间的思维差异，鼓励学生独立思考，让学生阐述自己的思维过程并组织学生充分交流，从而培养学生学习数学的兴趣，在数学学习中获得自信。这也是教师在低年级教学中需重点关注的。

六、资源辅助

1. 书刊推荐。

袁晓萍等：《"数与代数"教学优解：小学数学大单元教学设计》，武汉，长江文艺出版社，2023。

刘莉等：《小学数学教科书教学设计与指导 . 一年级 . 上册》，上海，华东师范大学出版社，2024。

但武刚、肖明：《核心素养视域下"教—学—评"一体化体系的建构》，载《基础教育课程》，2023（9）。

中华人民共和国教育部：《义务教育数学课程标准：2022 年版》，北京，北京师范大学出版社，2022。

王永春：《小学数学核心素养教学论（第二版）》，上海，华东师范大学出版社，2021。

人民教育出版社课程教材研究所：《义务教育教科书教师教学用书 . 数学 一年级 上册》，北京，人民教育出版社，2024。

余秀园、韦宏：《在"1—5 的认识和加减法"单元教学中培养学生的模型意识》，载《广西教育》，2023（1）。

田新伟、刘东旭：《以结构化视角认知数概念本质——"1~5 的认识"磨课历程与思考》，载《小学数学教育》，2023（5）。

宋晓春：《"以形助数"在一年级"数与运算"教学中的应用》，载《数学教学通讯（小学版）》，2021（8）。

2. 单元作业。

（1）按顺序填数（见图 1-7）。

图 1-7

▶▶ 设计意图

学生利用直尺图写数，再次体会 0 的起点作用，为以后认识数轴埋下伏笔。小鱼吐泡泡的设计可增加学生认数、写数的趣味性，让学生进一步巩固数的顺序，感受单数和双数的排列特点。

（2）

图 1-8

① 看图 1-8 仔细数一数，一共有（   ）人在收银台处。

② 请你在从左往右数的第 4 个人上面画一个"○"。

③ 请把从右往左数的 4 个人圈起来。

④ 你还能提出其他数学问题并回答吗?

▶▶ 设计意图

　　通过"看一看,圈一圈,说一说"活动,让学生学会用 5 以内各数表示物体的个数或顺序,会区分"几个"(基数含义)和"第几个"(序数含义);"自问自答"小题可培养学生提出数学问题的意识和解决问题的能力,这也是培养学生创新能力的重要基础。

（3）比一比,圈一圈,填一填(见图 1-9)。

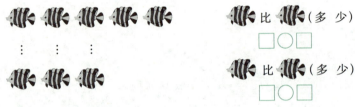

图 1-9

▶▶ 设计意图

　　从实物表征到符号表征的抽象,通过——对应的方法比较两个数的大小,培养学生的符号意识,渗透——对应的数学思想。

（4）连一连(见图 1-10)。

图 1-10

设计意图

通过帮助小动物们找到得数相等的口算卡片的情景，巩固 5 以内数的加减法计算方法，形成初步的口算技能，提高学生学习数学的兴趣和热情。

（5）解决问题。

① 小女孩已采的和地上的花一共有多少朵（见图 1-11）？

□○□=□（朵）

图 1-11

② 投中了 3 个，几个没投中（见图 1-12）？

一次可以投 5 个圈。

□○□=□（个）

图 1-12

设计意图

一年级学生喜欢看图听故事，还愿意讲故事，在情境中学习数学、应用数学也是新课程标准提倡的学生学习方式。让学生观察图中数学信息，发现并提出数学问题，可培养学生良好的审题能力，提升理解和应用加减法的能力。

（6）哪只猫剩下的鱼多（见图1-13）？在这只猫下面的（　　）里打"√"。

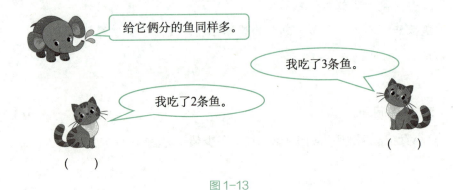

图1-13

▶▶ 设计意图

　　学生已经建构了用减法解决问题（已知总数去掉部分求剩余部分）的模型，采用举例、画图、列式等多种策略解决问题，可培养学生的分析、比较和推理能力。

（7）写一写、画一画（见图1-14）：用自己喜欢的方式表示3+2=5、5-2=3。

3+2=5	5-2=3

图1-14

▶▶ 设计意图

　　基于儿童理解的视角，多元表征数学算式可让学生进一步巩固对加减法含义的理解，进而找到数学概念形成过程中的"原型"，感受抽象的数学与生活的联系。

3. 学习评价（见表 1-5）。

同学们，本单元"5 以内数的认识和加减法"的学习结束了！给自己的表现涂上小红花吧！

表 1-5　"5 以内数的认识和加减法"学习评价

任务	具体内容	我的小红花
理一理	从 0~5 中任选一个数，我能想到本单元学过的这些知识：	✿✿✿
试一试	直接写得数。 1+4=　　2+2=　　0+5=　　1+3= 4+0=　　3+2=　　3+1=　　0+1= 5-1=　　4-2=　　4-3=　　2-0= 3-3=　　5-4=　　2-1=　　1-1= 我在 1 分钟内算对了（　　）题。	✿✿✿
	比一比，圈一圈，算一算（见图 a）。 图 a 哪种水果最多？（　　） 哪种水果最少？（　　） 最多的水果比最少的水果多（　　）个。	✿✿✿

任务	具体内容	我的小红花
	比一比，连一连（见图 b、图 c）。 图 b 第一名　　　第二名　　　第三名 图 c	✿✿✿
	从 0、1、2、3、4、5 这几个数中选择合适的数填在方框里。 □ + □ = □ + □ □ − □ = □ − □	✿✿✿
记 一 记	我喜欢本单元的学习。	✿✿✿
	我喜欢发现并提出生活中与加减法有关的数学问题。	✿✿✿
	我能尝试独立解决与加减法有关的实际问题。	✿✿✿
	我敢于交流或展示自己的想法。	✿✿✿
	我能认真完成学习任务。	✿✿✿

续表

任务	具体内容	我的小红花
	我善于倾听别人的发言。	✿ ✿ ✿
	我敢于发现问题并纠正错误。	✿ ✿ ✿
数一数，我一共获得（　　）朵小红花。		

第二单元
6～10 的认识和加减法 *

一、内容概述

单元"6～10 的认识和加减法"是"数与运算"学习的一部分，这一单元包括两个方面的教学（见图 2-1）：一是认识数字 6～10，包括它们的形状、写法、在数序中的位置等；二是通过多种直观教具和活动，帮助学生理解数的分与合，重点感受 6～10 之间的加法和减法运算，使学生掌握基本的计算方法和算理，并在具体情境中体会运算的意义。

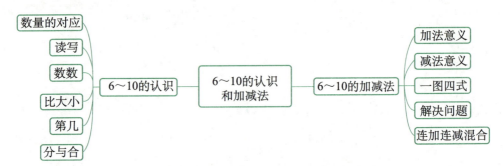

图 2-1 "6～10 的认识和加减法"教学内容

新课标中与"数的认识""数的运算"的第一学段学习有关的提示和要求见本书前一单元的叙述。

---

* 编写者：陈岳华，湖南省株洲市荷塘区红旗路小学；杨檬，湖南省株洲市荷塘区美的学校；邹可，湖南省株洲市荷塘区美的学校。

二、教学问题

此阶段学生已经学习了"0~5 的认识和加减法",积累了一定的学习经验。教学难点一是,引导学生从具体形象思维逐渐向抽象数字思维过渡,清晰地构建出这些数字所表示的概念。二是,数字 10 是一个具有特殊意义的数,是两位数的开端,要引导学生理解 10,认识到它是由 1 个十组成,是前面数字的延续和扩展。学生对数的组成理解困难,会导致加减法计算基础不牢,故如何让学生理解运算的本质也是难点。三是,情境创设的合理性与有效性也是需要突破的,要让学生真正在情境中体会运算的意义。四是,教师需精心设计教学活动,灵活运用多种教学方法,做到因材施教。

三、学习目标

1. 让学生能用数表示物体的个数或事物的顺序,能认、读、写 6~10 的数;了解符号<、=、>的含义,会比较 6~10 数的大小;通过数的大小比较,感悟相等和不等关系,形成初步的数感和符号意识。

2. 让学生能描述加减运算的含义,知道减法是加法的逆运算;能熟练口算10 以内数的加减法;形成初步的运算能力。

3. 让学生能在熟悉的生活情境中运用数和数的运算,合理表达简单的加减数量关系,解决简单的问题;能在解决问题的过程中,体会解决问题的道理,解释实际意义,发展数学阅读和表达能力,积累解决问题的经验,感悟数学与现实世界的关联,形成初步的模型意识、几何直观和应用意识。

4. 让学生体会数学方法与思维,欣赏数学美,提高学习数学的兴趣,建立学好数学的信心。养成良好的学习习惯,形成质疑问难、自我反思和勇于探索的科学精神。

基于"教—学—评"一致性的思考,下面从核心素养、核心概念、掌握技能三个层面,对本单元的学习目标进行整体设定(见表 2-1)。

表 2-1 "6～10 的认识和加减法"学习目标

核心素养	数感、符号意识、运算能力、推理意识、几何直观、模型意识、应用意识。	
核心概念	数的概念：理解 6～10 这些数字所代表的数量含义，能够将具体的物体数量与相应的数字对应起来。	基本问题：为什么物体的大小、形状、颜色各不相同，却都可以用同一个数字来表示？
	加法模型：基于解决问题三步骤，利用直观图形或者具象建构加法模型，体会将两个或多个数量合并在一起，计算总数量。	基本问题： ① 已知两个部分的数量，求它们的总和。 ② 已知其中一个部分的数量和总和，求另一个部分的数量。 ③ 多个数量的连续相加。
掌握技能	知：能正确、熟练计算 10 以内数加减法，理解算理与算法之间的关系。	
	能： ① 能用图画合理表达简单的数量关系，用"分量＋分量＝总量"加法模型解决实际问题。 ② 一图四式。能根据一幅情境图写出两道加法算式和两道减法算式，理解加减法之间的关系。	

四、内容设计

　　本单元以"6～10 的认识和加减法"为主题，是学生在学习了"0～5 的认识和加减法"之后，又一次集中认数并学习相应的加减法，从而将数的认识扩展到 10；也是学生进一步学习 20 以内数的认识和加减法计算最直接的基础。本学习内容在教材上主要有两部分内容：一是 6～9 的认识和加减法，二是 10 的认识和加减法。两部分内容结构相似，因此可将本单元内容整合成"数的认识""数的运算"和"应用整理"3 大板块 12 个任务进行学习，具体框架见表 2-2。

表2-2 "6～10 的认识和加减法"整合前后的教学体系

整合前		整合后	
教学内容		教学内容	
数的认识	6～9 数数及数的顺序	数的认识	6～10 的意义
	6～9 数的大小比较及序数的含义		6～10 的比大小和排序
	6～9 写数		6～10 的读写
	6～9 数的组成		6～10 数的组成
数的运算	6 和 7 的加减法	数的运算	6 和 7 的加减法
解决问题	6 和 7 的解决问题		8 和 9 的加减法
数的运算	8 和 9 的加减法		10 的加减法
解决问题	8 和 9 的解决问题		连加连减
数的认识	10 的认识		加减混合
数的运算	10 的加减法	应用整理	6 和 7 的解决问题
	连加连减		8 和 9 的解决问题
	加减混合		整理和复习
整理复习	整理和复习		

本单元让学生经历"数概念形成过程""通过数形结合理解算理和算法"和"经历解决问题步骤"3 部分来发展数学素养。引导学生通过实物、模型、图画等进行丰富的数学活动，在观察和操作中进行数学抽象与提升，帮助学生完成感性认识到理性认识。通过关注学生已有知识经验、了解所学知识发展脉络，建立合理的数学认知结构，提升相关能力。结合本单元学习内容，本书设计了教学过程表（见表 2-3）和教学效果测评表（见表 2-4）。因数字 10 比较特殊，故在部分情况下将其拆出，详见本单元教学实施。

表 2-3 "6~10 的认识和加减法"教学过程

学习内容	课时	完成的任务	教学运行方式	效果测评要点
数的认识	6	6~10的意义和读写	① 数一数，帮助学生建立具体实物与自然数一一对应的关系。 ② 涂一涂，带学生感受从实物半抽象到图形的过程。 ③ 说一说，带学生体会抽象出数的过程，感受数字的简洁美。 ④ 联系生活，引导学生将抽象的数还原到实物。 ⑤ 利用计数器、直尺图等直观感受数字的顺序及大小关系，为学生的后续学习做铺垫。 ⑥ 先提供数字的书写范例，再让学生描虚线和独立书写。	① 会从不同角度、用不同方式有序数数。 ② 会用数表示实物的数量。 ③ 能联系生活，列举数还能表示哪些物体的数量。 ④ 能借助计数器、直尺图等直观感受数字的顺序及大小关系。 ⑤ 能正确书写 6~10 各数。
		6~10的大小比较和排序	比大小： ① 通过数数、观察，学生自主尝试比大小。 ② 通过师生交流，抽象出数字的大小比较，加深学生对数的概念的理解。 第几： ① 数一数，巩固数字的基数意义。 ② 议一议，理解数字的序数意义。 ③ 通过生生交流和师生交流，以及联系生活实际的方式，巩固数字的基数意义和序数意义。	比大小： ① 能正确理解和运用大于号、小于号和等于号符号。 ② 能在不借助实物的情况下抽象出数字的大小比较。 第几： ① 能理解并熟练运用前后、左右等顺序概念。 ② 能准确运用"第几"来描述物体的位置。 ③ 能在排队、找座位等实际生活情境中准确运用"第几"的概念。
		6~10的组成	① 分一分，学生自主探索6~10各数的组成。 ② 师生交流，体会有序思考的优越性。 ③ 通过类推迁移有序思考和联想的方法，使学生学会简洁、有效地识记。	① 能迁移 1~5 的分与和的学习经验，正确分拆数，理解数的组成。 ② 能进行有序思考，清晰、准确地表达数的组成。 ③ 能将数的组成知识迁移应用到新的情境或问题中。

续表

学习内容	课时	完成的任务	教学运行方式	效果测评要点
数的运算	5	6～9 的加减法计算	① 摆一摆，带学生用学具表示图中数学信息并列式计算。 ② 说一说，结合学具让学生说清算式的各部分含义及一图四式。	① 用算式表示情境中的数量关系。 ② 说清计算结果是怎么算的。 ③ 初步感知加法和减法的联系。
		10 的加减法计算	① 引导学生看点子图写算式，根据 10 的组成正确计算 10 的加减法。 ② 引导学生由一图四式简化到一图三式，感知加减法间联系。	① 能根据数的组成正确计算 10 的加减法。 ② 熟练口算 10 以内加减法，初步形成数感和符号意识。
		连加、连减	① 引导学生看图列算式，理解算式意义及运算顺序。 ② 引导学生清楚表述计算过程。	① 结合图说清算式中各部分的含义。 ② 能准确说出计算顺序。 ③ 能总结计算方法并熟练运用。
		加减混合	① 引导学生看图列式计算，掌握计算方法。 ② 引导学生根据算式说清计算顺序，理解算理。	① 能用数学语言说清主题图变化过程。 ② 能正确列出算式并计算准确。 ③ 提高心算能力，发展数感。
运用和整理	4	6～10 加减法解决问题	① 阅读理解：引导学生完整地描述题目的过程和结果。 ② 分析解答：引导学生先利用简单图形或符号把题目的意思表示出来，再列式计算。 ③ 回顾反思：提问学生是怎样解决这个问题的。	① 能收集数学信息，用自己的语言完整表述题意。 ② 能根据数学信息提出数学问题。 ③ 会利用数形结合分析题意。 ④ 利用情境理解运算顺序，解决问题。 ⑤ 会进行 10 以内加减混合运算。
		整理与复习	① 引导学生整理本单元知识并制作"知识图"。 ② 引导学生整理复习 10 以内加减法算式。	① 对 6～9 数学知识结构更加清楚，会做"知识图"。 ② 掌握数的意义，正确计算，灵活解决问题。 ③ 提升关联和应用意识。

表 2-4 "6～10 的认识和加减法"教学效果测评

维度	评价内容	评价等级	评价说明
数感	理解数的意义	☆☆☆☆☆	能用数表示物体的个数或事物的顺序，得 1 颗星。
			知道个位和十位的顺序及不同数位上的数字具有不同的意义，得 2 颗星。
			能说出一个数的组成并读数，得 2 颗星。
符号意识	认识并会用数学符号进行表达	☆☆☆☆☆	认识 0～9 这 10 个数字，知道自然数 10～20 的表达没有再用新的数字，像 10 是用数字 1 和 0 来表示的，得 2 颗星。
			认识符号"="" <"" >"，会使用这些符号表示数的大小，得 1 颗星。
			认识符号"+"" -"，知道"+"是对"合起来"，"-"是对"减去"的抽象表达，得 2 颗星。
运算能力	正确计算	☆☆☆☆☆	正确率在 95% 以上，每分钟做 25 道题以上，得 4～5 颗星。
			正确率在 80%～94% 之间，每分钟做 15～25 道题，得 2～3 颗星。
			正确率在 30%～79% 之间，每分钟做 5～14 道题，得 1 颗星。
	算法灵活	☆☆☆☆☆	算法灵活多样，过程表征科学合理、简洁明了，得 4～5 颗星。
			算法合理，表征准确，得 2～3 颗星。
			能计算结果，不会表征过程，得 1 颗星。
	理解算理	☆☆☆☆☆	能有条理、有逻辑地说理，得 4～5 颗星。
			能说理，但表述无条理，得 2～3 颗星。
			会计算，不会说理，得 1 颗星。
推理意识	归纳推理	☆☆☆☆☆	会探索、交流，会发现、会归纳，得 4～5 颗星。
			能参与探索、交流，能做简单归纳，得 2～3 颗星。
			只会参与探索、交流，无发现归纳能力，得 1 颗星。

续表

维度	评价内容	评价等级	评价说明
推理意识	类比推理	☆☆☆☆☆	会观察、比较方法异同，会优化，得 4～5 颗星。
			能观察、比较异同，得 2～3 颗星。
			能参与观察、比较，但不会发现，得 1 颗星。
几何直观	数形结合思想	☆☆☆☆☆	会用图表、操作等解释、分析问题并形成习惯，得 4～5 颗星。
			能用图表、操作等解释、分析问题，但无良好的习惯，得 2～3 颗星。
			没有形成用图表、操作等解释、分析问题的能力与习惯，得 1 颗星。
模型意识	建构模型	☆☆☆☆☆	会多角度观察、分析"总量与分量"的数量关系，用加法和减法解决问题，得 4～5 颗星。
			能分析"总量与分量"的数量关系，用加法和减法解决问题，得 2～3 颗星。
			能模仿着去解决问题，但没有模型意识，得 1 颗星。
应用意识	有意识利用数学解决实际问题	☆☆☆☆☆	会灵活多样地用加法和减法解决实际问题，得 4～5 颗星。
			能用加法和减法解决实际问题，得 2～3 颗星。
			能解决部分实际问题，得 1 颗星。

五、教学实施

任务一 数的认识

▶▶ 策略

采用"教方法—用方法"的"长程两段原理"教学策略。

6～9 认识的策略：让学生经历探究过程，以学为中心优化教学方式。首先在 6～9 数字的抽象和读写方面，让学生在真实的生活场景中感受数的存在和作用，例如，购物时的价格、物品的数量等，从而更深刻地理解数的概念，不仅记住数的表象，更要引导他们经历数从具体到抽象的发展过程，理解数的产生和演变，让学生在体验中学；其次在6～9的比大小和第几方面，充分放手，让学生自主借鉴1～5各数的规律，有关联地学，有结构地学，系统地学；最后在6～9的组成方面，利用已有结构化的学习经验，放手让学生操作学具，主动建构6～9的分与合。

10认识的策略：10是学生第一个认识的由两个数字组成的数，它不再是用一个新的数字符号来表示，而是用前面所学的"1"和"0"组合起来表示，故只有认识这个数才采取"教师直接教"的方式。其他10的相关知识应采取教师整体地教，学生有结构地学来完成。

建议安排6课时。

活动一　6～9的认识

1. 初步感知数字6～9。

（1）自主学习。

① 数一数：用你喜欢的方法数一数你在"海底世界"（见教材34～35页图）中看到的动物数量。

② 说一说：和同桌说一说你是怎么数的。

（2）交流汇报。

思考：通过刚才的交流，你发现了我们在数数时可以怎么数？你最喜欢哪种数法？为什么？

预设：可以从左往右地数，也可以从右往左数；可以从上往下数，也可以从下往上数；可以1个1个地数，也可以2个2个地数；我最喜欢从左往右、从上往下1个1个地数，因为这样就既不会重复也不会漏掉。

▶▶ 设计意图

　　利用学生感兴趣的"海底世界"，吸引他们的注意力；充分利用教材主题图提供的资源与数的认识整体结构，采用学生自主探究、合作交流的方式，让学生按已有的结构化的学习经验，从不同角度，用不同方式汇报；从不同角度，用不同方式数数，可帮助学生建立具体实物与自然数一一对应的关系。

　　2. 逐步抽象 6～9 各数。

　　（1）自主尝试。

　　①想一想：给你许多个白色圆片，你打算给几个圆片涂色来表示各种动物的数量呢？

　　②涂一涂：照以上样子用有颜色的圆片表示动物的数量，给圆片涂上你喜欢的颜色。

　　（2）交流汇报。

　　①师：观察动物和圆片，你有什么发现？

　　引导学生发现：动物虽然不同，但都能用圆片来表示。

　　小结：圆片的数量能表示其他任何事物的数量。

　　②师：每次表示物体数量的时候都画圆吗？能不能用简单的数学符号来表示？

　　预设：小鱼有 6 只，用数字 6 来表示。

　　③师：生活中还有哪些事物的数量能用 6 来表示呢？

　　预设：6 个苹果、6 支笔……

　　④师：为什么物体的大小、形状、颜色各不相同，却都可以用同一个数字来表示？

　　预设：因为它们都有 6 个。

　　小结：6 就是这些物体个数的标记。

▶▶ 设计意图

　　让学生利用学习 1~5 时的结构化的学习经验，先自主用圆片来表示物体的数量，建立具象与圆片一一对应的关系，再自主抽象出用数字 6~9 来表示物体的数量，进一步体验抽象出数字的过程，感受数字的简洁美；然后再让抽象的数回到现实，如联系学生的生活，列举生活中能用数字来表示的事物数量，师生一起探讨"物体的大小、形状、颜色各不相同，为什么都可以用同一个数字来表示"，逐步帮助学生着眼于实物的量性特征，从而完成从具象到抽象的过程。

　　3.初步感知 6~9 的顺序及大小。

　　（1）合作学习：拨一拨，比一比 6、7、8、9 的大小（见教材 36 页拨珠图和尺子图）。

　　（2）交流汇报。

　　①师：计数器上有 5 颗珠子，怎样才能得到 6？

　　预设：再添一颗珠子。

　　②师：给 5 添上一颗珠子就产生了新的数字"6"，还能继续产生新的数字吗？

　　预设：给 6 再添一颗，就能得到 7；给 7 再添一颗，就能得到 8……

　　小结：原来这些自然数是一个一个多起来的。

　　③师：观察直尺，你能填出 5 后面的数字吗？填完以后按顺序读一读。

　　④师：与 7 相邻的两个数是几？谁在 8 的前面？谁在 8 的后面？

　　预设：与 7 相邻的两个数是 6 和 8。7 在 8 的前面，9 在 8 的后面。

▶▶ 设计意图

　　用"数的认识"结构化的学习经验和学习 1~5 顺序及大小时的方法，借助计数器、直尺图等学具，让学生通过动手、动脑、动口的实践体验活动，主动探索并建立6～9的顺序及大小。让学生在有意与无意之中系统地学，结构地学，真正地培养学生数学素养，提高学生学习数学的兴趣。

活动二　10的认识

1. 初步认识10。

（1）自主学习。

① 数一数：你能找到藏在图里的10吗（见教材54页上部海洋馆图）？

② 想一想：10是怎样产生的？用你喜欢的方法表示出来（引导学生，参考教材54页的几种表示）。

③ 找一找：生活中哪些事物的数量可以用10来表示？

（2）交流汇报。

① 师：你是怎样找到10的？

引导学生用多种形式数10，既可以1个1个地数，还可以2个2个、5个5个地数；既要能熟练地从1顺着数到10，又能从10倒着数到1。

② 师："10"是怎样产生的？是在哪个数的基础上产生的？用你喜欢的方法表示出来。

预设：9个点子，再加1个点子就是10个点子；9颗珠子，再添1颗珠子，就是10颗珠子；9的后面再数1个数就是10。

小结：9再增加1就是10。所以数数时，9在10的前面，10在9的后面。

③ 师：观察"10"有什么特点？

预设：有"1"和"0"两个数字。

小结：从10开始不再用新的符号，后面的数都是用0～9组合起来产生的新数。

④师：你还能在身边、周围或更多的地方找到 10 吗?

预设：我有 10 根手指，我有 10 本书……

小结：数量是 10 的事物应用"10"来表示。

▶▶ 设计意图

　　让学生利用学习 1～9 时的结构化的学习经验，和海底世界的主题图，主动探索、构建 10，并抽象出 10；让学生借助点子图、计数器等几何直观和操作活动，主动探索"9 再增加 1 就是 10"，但 10 是由两个数字组成的两位数，而不是一位数，所以这个数不是用一个新的符号来表示的，而是用前面所学的"1"和"0"这两个数字符号组合起来表示的。这个教学过程采取"教师直接教"的方式，为今后学习两位数、三位数、四位数等做铺垫。

　2.学习 10 以内的顺序，比较 9、10 的大小。

（1）自主尝试。

①师：想一想，你还在哪里看到过 9 在 10 的前面，10 在 9 的后面（见教材 54 页下方的几种表现方式）?

②比一比：9 和 10 的大小。

③填一填：□＜10，□里可以填几?

（2）交流汇报。

①师：说一说，你还在哪里看到过 9 在 10 的前面，10 在 9 的后面?

预设：直尺上 9 在 10 的前面，10 在 9 的后面。

②师：9 和 10，谁比谁大? 谁比谁小? 为什么?

预设：10 比 9 大，9 比 10 小，因为 9 增加 1 是 10。

③师：我们学过了哪些数? 顺序是怎样的? 谁是最大的一位数? 比它大 1 的数是几?

预设：0、1、2……9 是最大的一位数，比它大 1 的数是 10。

④师：□＜10，□里可以填几？

预设：0～9。

▶▶ 设计意图

用"数的认识"结构化的学习经验，和用 10 以内数排顺序及比大小的方式，借助计数器、直尺图等学具，让学生主动探索并比较 9 和 10 的大小，从而拓展到有 0～9 都小于 10 的思想，整体建构起 0～10 的认识。让学生尝试结构化地学习 6～10，才能真正地提高学生数学素养。

活动三　比大小，区分"几"和"第几"

1. 探究 6～9 的大小关系。

（1）自主尝试。

①数一数，填一填，比一比（教师出示教材 37 页上部的方块图及 5～9 比大小图）。

②说一说：和同桌说一说你是怎样快速比出大小的。

（2）交流汇报。

①师：你是怎样快速数出第二排是 6 个小正方体的？

预设：比第一排多 1 个，5 再添 1 就是 6……

②师：你是怎样比出大小的？

预设：6 比 5 多 1，5 比 6 少 1，所以 6 大于 5，5 小于 6……

▶▶ 设计意图

用比较 0～5 大小的方法和直观图一一对应的方法，降低学生学习的难度，让学生积极主动探究、建构 6～9 的大小关系。再带学生将相邻两数一一对应摆放，直观比较，加深学生对数的概念的理解，培养学生的数学素养。

2. 区分"几"和"第几"。

（1）自主尝试。

① 数一数：一共有几缸鱼（出示教材 37 页中部鱼缸图）？

② 议一议：从左边数，第 6 缸有几条鱼？有 6 条鱼的是第几缸？

③ 说一说：像上面这样，同桌之间互相提一个问题并回答。

（2）交流汇报。

① 师：6 和第 6 一样吗？有什么区别？

预设：不一样。比如这里有 6 个鱼缸，6 是指一共有 6 个鱼缸；第 6 个鱼缸是指排在第 6 个的那个鱼缸，其实只有 1 个鱼缸。

小结："几"表示事物数量的多少；"第几"表示其中某个事物排列的顺序。

② 师：请你联系生活，用"几"和"第几"说一说身边的事物。

▶▶ 设计意图

利用 0～5 的"几"和"第几"的学习方法，借助数一数、议一议、说一说等活动，让学生独立探索、交流探究，区别数字的基数意义和序数意义，并能结合实际生活运用"第几"来描述物体的位置，在生活情境中学，在活动体验中学。

3. 学写 6～9 各数。

（1）看一看，描一描：先观察数字的规范书写，再照虚线描数字（出示教材 37 页下方 6～9 书写图）。

（2）画一画，写一写：伸出食指，在空中画一画，最后在书上写一写。

▶▶ 设计意图

数字 0～9 是组成数的 10 个基本数字，因此教师应从整体教。教师应该提供数字 6～9 的书写范例和书写这些数字的笔画顺序，再利用描虚线巩固数字的写法，然后放手让学生自己书写，配合书空练习或者比赛等形式，及时掌握学生对数字尤其是难写数字的书写情况。

活动四　分与合

第一课时：6、7 的组成

1. 探究 6 的组成。

（1）自主探究。

① 分一分：把手中的 6 个学具分成两组，可以怎样分（见图 2-2）？

图 2-2

② 说一说：和同桌说一说，你是怎样分的。

③ 填一填：你有几种分法。

（2）交流汇报。

① 师：有几种分法？你是怎样分的？

预设：5 种分法（见图 2-3）。有顺序地分，先拿出 1 个，分成 1 和 5；再拿出 2 个，就分成了 2 和 4……

图 2-3

② 师：这样分有什么好处？

预设：不会重复也不会遗漏。

小结：有顺序地分真好！

③ 师：还有别的分法或者别的发现吗？

预设：分出 1 和 5，可以写出两个分与合……（见图 2-4）

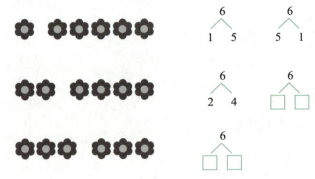

图 2-4

小结：成对地写出分与合，既方便又全面。

④ 师：有没有好办法轻松记住 6 的所有组成方式？

预设：从小到大记，先记 1 和 5 组成 6，所以 5 和 1 也组成 6；再记 2 和 4 组成 6，联想到 4 和 2 组成 6……

小结：按顺序、成对地记忆真轻松！

▶▶ 设计意图

借助学具，采用启发式教学方式，师生一起合作探索完成 6 的组成；在师生交流过程中让学生感受从无序到有序的思考和思维，体会有序思考的优越性。

2. 探究 7 的组成。

（1）自主探究。

① 师：你会用不重复、不遗漏的方法分 7 吗？试一试。

② 学生记录分 7 的过程。

（2）交流汇报。

① 师：你是怎样分的？

预设作品 1（见图 2-5）：

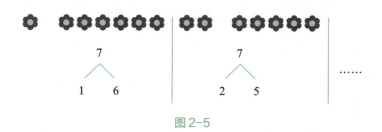

图 2-5

预设作品 2（见图 2-6）：

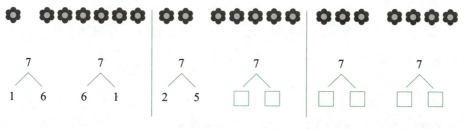

图 2-6

小结：按顺序且成对写出分与合，简便又全面。

② 师：有没有好办法轻松记住 7 的所有组成？

预设：按顺序、成对地记。

▶▶ 设计意图

利用 6 的分与合学习经验，让学生有结构地学，完成探索和记忆 7 的组成，并且在探索过程中自主地进行有序思考，巩固按顺序找数的组成的一般方法。

第二课时：8、9 的组成

1. 探究 8 的组成。

（1）自主探究。

① 分一分：把 8 个圆片分成两组，怎样分又快又全面？把分的过程记录下来（见图 2-7）。

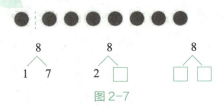

图 2-7

② 说一说：和同桌说一说你是怎样分的。

（2）交流汇报。

① 师：把 8 个圆片分成两组，你是怎样做到又快又全面的？

预设：从小到大（或从大到小），由 1 和 7 组成 8，联想到 7 和 1 组成 8；再分出 2 和 6 组成 8，联想到 6 和 2 组成 8……

② 说一说 $\overset{8}{\underset{1\quad 7}{\wedge}}$ 的意义。

预设：8 可以分成 1 和 7；1 和 7 合起来是 8。

③ 填一填：$\overset{\square}{\underset{3\quad 5}{\wedge}}$；$\overset{8}{\underset{2\quad \square}{\wedge}}$。

▶▶ 设计意图

利用 6、7 的分与合学习经验，让学生有结构地学，自主探究完成 8 的组成问题，在探究过程中学生通过类推迁移、有序思考和联想的方法，体会简洁有效的思考和记忆方法。

2. 探究 9 的组成。

（1）自主探究（见图 2-8）。

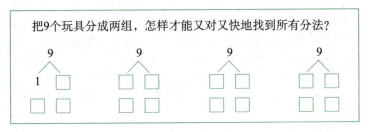

图 2-8

① 填一填：直接填数，看谁又对又快。

② 说一说：和同桌说一说你的思路。

（2）交流汇报。

① 师：把 9 个玩具分成两组，怎样才能又对又快地找到所有分法？

预设：从小到大（或从大到小），由 1 和 8 组成 9，联想到 8 和 1 组成 9；再分出 2 和 7 组成 9，联想到 7 和 2 组成 9……

② 填一填 $\overset{9}{\underset{\square\ 5}{\wedge}}$，并说一说它的意义。

预设：9 可以分成 5 和 4。

③ 创设购物、分配物品等情景，让学生在情境中巩固 8、9 的不同组成方式。

▶▶ 设计意图

利用 6、7、8 的分与合学习经验，让学生有结构地学，自主探究完成 9 的组成的学习。学生利用有序思考及关联的学习方式，快速完成 9 的组成式，从整体上做到有结构地学和系统地学。

第三课时：10 的组成

1. 探究 10 的组成。

（1）自主探究。

① 摆一摆：先用小棒摆一摆，再填数（见图 2-9）。

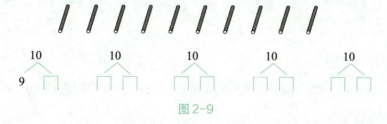

图 2-9

② 想一想：看到这些分法，你还能想到其他分法吗？

（2）交流汇报。

①师：你是怎样分的？

预设：从大到小，10可以分成9和1、8和2、7和3……（见图2-10）

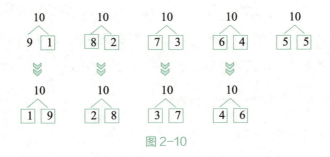

图2-10

②师：看到每种分法，你还能想到其他分法吗？

③师生一起唱儿歌，做游戏。

一九九一好朋友，

二八八二手拉手，

三七七三真亲密，

四六六四一起走，

五五凑成一双手。

▶▶ 设计意图

　　利用6~9的分与合学习经验，让学生有结构地学，但10是一个特殊的数，为了让学生更好地建构10，需借用小棒摆一摆，并学习完成10的组成式。在生生交流中，学生得到有序地思考和联想的方法。最后通过唱儿歌，做游戏，帮助学生记忆10的组成，切实掌握10的组成。

　2.学习写"10"。

（1）看一看、描一描：先观察10的规范书写，再照虚线描10（出示教材55页10的书写图）。

（2）画一画，写一写：伸出食指，在空中画一画，最后在书上写一写。

▶▶ 设计意图

　　10 是学生学习的第一个两位数，教师要提供 10 的书写范例，先让学生明确 10 的左边是 1，右边是 0，合起来读"shí"；再让学生描虚线，巩固 10 的写法；最后让学生独立书写，为以后书写其他两位数提供经验。

任务二　数的运算

▶▶ 策略

　　教学 6～10 的加减法整体采用"长程两段"策略，即 6 和 7 的加减法教学方法为"教结构"，8、9、10 的加减法教学方法为"用结构"。

　　6 和 7 的加减法：学生已有 1～5 的加减法计算和 6 的组成的基础，故先由学生自主探究 6 的加减法计算。教师在教学中注重方法的学习和迁移。其中，第一个层次是以"一图二式"的形式教 6 的加减法，即在学生掌握了 6 的加减法基础上，放手让学生自主探究 7 的加减法。第二个层次是引导学生从"一图四式"分别拓展学习 6 和 7 的加减法之间的关系。

　　8 和 9 的加减法：引导学生用 6 和 7 的加减法拓展完成 8 和 9 的加减法学习。

　　10 的加减法：引导学生用 6 和 7 的加减法拓展学习 10 的加减法。学生自主探究，把"一图四式"优化成"一图三式"，初步感知加法具有交换律。利用"找朋友"的游戏初步感知凑十法。

　　连加连减：引导学生利用"加法的意义"把两个量的加法拓展到三个量的，利用具体情境说连加的实际意义，并且用抽象的数学符号表示连加的意义，体会由左到右的运算顺序。引导学生利用"减法的意义"，理解从一个整体中去掉一部分，再去掉一部分，求剩下的量，让学生在具体情境中学习连减的实际意义，并且用抽象的数学符号表示连减的意义，体会由左到右的运算顺序。

加减混合：加减混合表示在一个初始数量上经过增加和减少后得到的结果，引导学生利用具体情境描述增加和减少的过程，体会从左至右的运算顺序。

建议安排 5 课时。

活动一 6 和 7 的加减法计算

1. 探究 6 的加减法计算方法。

（1）自主探究。

① 摆一摆，写一写：根据图中（见图 2-11）数学信息，操作学具并写出加法或减法算式。

图 2-11

② 说一说，算一算：结合图说一说算式各部分的含义。

③ 想一想，议一议：同桌交流你们的方法是否相同。

（2）交流汇报。

① 师：你是怎样列式的？为什么？

预设：5+1=6，1+5=6；6-1=5，6-5=1。

② 师：结合图说一说算式各部分的含义。

预设：5+1=6 表示左边 5 朵小花和右边 1 朵小花，合起来一共是 6 朵小花；6-1=5 表示从一共的 6 朵小花里去掉 1 朵小花，还剩 5 朵。

③ 师：同一幅图两人列出的算式为什么不同？

预设：同一幅图可以列出两个加法算式或者两个减法算式。

▶▶ 设计意图

　　学生已经理解加法和减法的意义，并掌握了 5 以内数的加减法计算方法，教师可直接引导学生边操作学具边列算式，通过学具拼摆引出 6 的加减法计算。在学生理解了"一图二式"的基础上，让他们将 6 的加减法学习迁移，理解 7 的加减法计算。

　　2. 自主尝试 7 的加减法计算。

（1）小组合作。

① 摆一摆，写一写：根据图中（见图 2-12）数学信息，用小棒或圆片摆一摆并写出算式。

| 4+2=□ | 6-2=□ | | 5+2=□ | 7-2=□ |
| 2+4=□ | 6-4=□ | | 2+5=□ | 7-5=□ |

图 2-12

② 师：小组内说一说你的计算方法。

（2）交流汇报：探究 7 的计算方法。

① 师：谁来说一说你是怎么计算"5+2"的呢？

预设：先摆 5 根小棒，再摆 2 根小棒，合起来一共是 7 根（见图 2-13）。

图 2-13

② 师：如果不摆小棒，你怎样思考？

预设：5 和 2 合起来是 7，所以 5+2=7。

小结：通过学过的数的组成，可以总结出数的加减法算式。

③ 感受加减法的联系：根据 5+2=7，你还能想到哪些加法和减法算式？

预设：2+5=7；7−2=5；7−5=2。

小结：小花和小棒图都是根据一幅图写出两道加法算式和两道减法算式。

④ 师：同一幅图里的加法算式和减法算式有什么联系？

小结：加法算式的和，是减法算式中的总量。因此可以借助加法算式和减法算式的联系来计算。

▶▶ 设计意图

引导学生依据6的计算方法，自主探究7的加减法。通过前后关联、对比，让学生熟练把握数的组成中3个数之间的关系，进一步理解加减法之间的联系，感悟数学的抽象思想。

活动二 8和9的加减法计算

1.探究 8 和 9 的加减法计算方法。

（1）自主探究。

① 让学生看图列式（见图 2-14）。

图 2-14

② 小组合作：用你喜欢的方法计算，并在小组内说一说你的想法。

（2）交流汇报。

① 师：观察图片，说一说你看到的数学信息有哪些。

师：根据小花图和小棒图你能分别列出哪些算式？

预设：

5+3=☐；8−5=☐；5+4=☐；9−5=☐；

3+5=☐；8−3=☐；4+5=☐；9−4=☐。

② 师：你是怎样计算的？

预设方法一：看图数出得数（见图 2-15）。

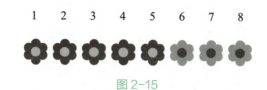

图 2-15

预设方法二：利用 8 和 9 的组成进行计算（见图 2-16）。

$$5+3=8$$
$$3+5=8$$
$$8-3=5$$
$$8-5=3$$

图 2-16

③ 师：除了一个一个数，还有没有其他方法？

预设：学生用学过的 8 和 9 的组成也能计算出算式结果。

④ 师：根据 9 由 4 和 5 组成，试着快速写出四个算式的得数。

预设：学生不仅能通过数的组成计算结果，还能根据加法算式想减法算式，从而得出结果。

（3）比一比，算一算（见图 2-17）。

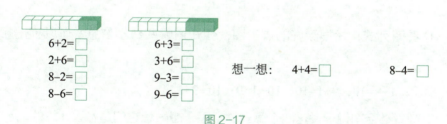

$$6+2=\square$$
$$2+6=\square$$
$$8-2=\square$$
$$8-6=\square$$

$$6+3=\square$$
$$3+6=\square$$
$$9-3=\square$$
$$9-6=\square$$

想一想： $4+4=\square$ $8-4=\square$

图 2-17

① 师：利用数的组成计算，看谁算得又快又对。

② 师：小组内说一说你的思考过程。

预设：

想 6 和 2 组成 8，6+2=8。

想 6 和 3 组成 9，6+3=9。

③ 想一想：这两个算式的得数是多少？你能根据这两个算式想出其他的算式吗？

预设：两个加数相同的加法算式，只能写出一个加法算式和一个减法算式。

▶▶ 设计意图

利用学具和已有知识（6和7的运算、8和9的组成），自主探究8和9的运算方法，在交流过程中将学具与算式结合起来，感受数形结合的思想。通过学具可以让学生直观看出部分与整体的关系，加深对算式意义的理解。

活动三　10的加减法计算

1.涂一涂，算一算。

（1）出示主题图（见图2-18）。

图2-18

① 看图列式：根据涂好的点子图，你知道哪些数学信息？可以列出哪些算式？

预设：1+9=10；9+1=10；10-1=9；10-9=1。

② 师：结合图说一说这四个算式的意思，想一想它们是怎么计算的。

预设：可以通过数点子图计算，也可以通过想10的组成计算。

（2）出示主题图（见图2-19）。

图2-19

① 师：看到这张涂色卡，你能想到哪些 10 的算式？

预设：2+8=10；8+2=10；10-2=8；10-8=2。

② 师：观察这 4 个算式，你有什么发现？

预设：

加法算式中交换 2 和 8 的位置，结果相同。

在一幅点子图中，可以根据部分与整体的关系，写出一个加法算式和两个减法算式。

▶▶ 设计意图

　　利用点子图、10 的组成，学生自主探究 10 的加减法，由"一图四式"过渡到"一图三式"（一个加法算式和两个减法算式），既使加减法之间的关系更为突出，又减轻了学生的记忆负担。

2. 理一理，议一议（见图 2-20）。

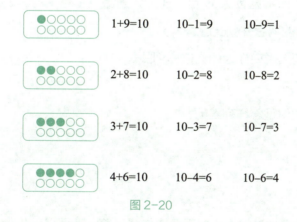

	1+9=10	10-1=9	10-9=1
	2+8=10	10-2=8	10-8=2
	3+7=10	10-3=7	10-7=3
	4+6=10	10-4=6	10-6=4

图 2-20

（1）师：根据没有列出的点子图，分别写出一个加法算式和两个减法算式。

（2）小组讨论：仔细观察这些算式，结合点子图说一说有什么发现。

预设：

这些算式都可以借助 10 的组成，计算出结果。

涂色的点子增加 1 个，加号前面的数加 1；没涂色的点子减少 1 个，加号后面的数减 1。但总个数 10 始终没有改变。

减法算式中第一个数都是 10，减去的数越来越大，结果越来越小。

▶▶ 设计意图

有了"1+9=10"的学习经验后，应引导学生在学习其他算式时进行独立思考和探究，让学生迁移和应用计算方法，正确熟练地进行 10 以内加减法口算。让学生通过"一图四式"简化到"一图三式"，进一步感受加法和减法之间的联系。

活动四　连加连减

1. 探究"连加"的计算方法。

（1）自主探究。

① 出示主题图（见教材 59 页"连加、连减"主题图的第 1 幅），要求学生完整说清整幅图的图意并列式解答。

② 师：和同桌说说你为什么这样列式。

（2）交流汇报。

① 师：说说你是怎样列式的?

预设：

5+2=7；7+1=8。

5+2+1=8。

小结：可以用学过的方法，用两次加法计算。还可以 5 先加 2 再加 1，把 3 个数加起来（见图 2-21）。像这样把 3 部分合起来的算式叫连加。

$$5 + 2 + 1 = 8$$
$$7$$

图 2-21

② 同桌说一说：5+2+1 怎么算？

预设：先算 5+2=7，再算 7+1=8。边说边在算式上标出运算顺序。

③ 结合图说一说算式中各部分的含义。

▶▶ 设计意图

　　引导学生计算两个量相加，再扩充到 3 个量甚至多个量的总和，加深对加法概念的理解。让学生能够利用具体情境解释连加的意义。引导学生理解通过抽象的数学符号表示连加的意义，理解由左到右的运算顺序。

2. 类推"连减"计算方法。

（1）自主探究。

① 自主列式计算：根据教材 59 页"连加、连减"主题图的第 2 幅，找到数学信息并自主尝试解决问题。

② 组内交流想法。

（2）交流汇报。

预设学生作品（见图 2-22）：

图 2-22

生：一共 8 只小鸡，先减去 2 只，再减去 2 只，剩下 4 只。

生：先算 8-2=6，再算 6-2=4。

师：计算连减算式时，按照从左到右的顺序计算，先用第一个数减第二个数，再用相减所得的数减去第三个数。

▶▶ 设计意图

　　连减是从一个整体中，去掉一部分，再去掉一部分，求剩下部分的量。学生在具体情境中理解连减的实际意义，运用抽象的数学符号表示连减的意义，理解从左到右的运算顺序。教师采用由扶到放的、小组或同桌合作讨论的教学方式，可有效培养学生数感、计算能力和解决问题的能力。

活动五　加减混合

1. 学习"先加后减"混合运算。

（1）自主探究。

① 引导学生观察教材 60 页"加、减混合"主题图的上面两幅图，收集数学信息，并列式计算。

② 同桌合作交流想法。

（2）交流汇报。

① 师：你收集到了什么数学信息？

预设：湖里原来有 4 只天鹅，飞来了 3 只，又飞走了 2 只，现在还有多少只天鹅？

② 师：怎样列式？

预设：用 4+3-2 表示了天鹅飞来 3 只又飞走 2 只，算式结果是最后剩下的数量。

③ 摆一摆，说一说：借助小棒边摆边说你的计算过程。

④ 借助小棒，厘清运算顺序：同桌合作，边摆边说运算顺序。

▶▶ 设计意图

　　加减混合表示在一个初始数量上经过增加和减少后得到的结果，学生利用真实情境能够描述增加和减少的过程，理解加减混合运算的意义，理解从左至右的运算顺序。

2. 自主探究"先减后加"混合运算。

（1）合作探究。

① 学生观察教材 60 页"加、减混合"主题图的下面两幅，完整说清题意。

② 学生自主列式计算，说清计算过程。

（2）对比关联，总结方法。

师：4+3-2=5 和 4-2+3=5 两个算式有什么联系和区别？

预设：都是按照从左到右的顺序计算，但表达的意思不同。

▶▶ 设计意图

让学生利用"先加后减运算"的经验，自主探究"先减后加运算"。学生根据真实情境对比两个算式的异同，理解加减混合运算的运算顺序，体会连加连减、加减混合运算顺序的一致性。

任务三 运用和整理

▶▶ 策略

一年级的加减法认识既是学生学习计算的开始，也是学生理解和运用数量关系解决问题的开始。

教师应引导学生利用加法含义、减法含义，自主探究"部分量 + 部分量 = 整体量"的加法模型以及"整体量 − 部分量 = 另一部分量"的减法模型。初步建立解决问题的三个步骤："阅读理解""分析解答""回顾反思"，以得到相关的数据信息和需要解决的数学问题。教师应利用具体情境和符号、简单的文字（大括号和"? 只"），引导学生得到加法、减法的数量关系，通过及时追问"为什么""你是怎么想的""你为什么选择用加法（减法）解决这个问题"，让学生有"捋思路"的过程，并让学生在这样不断地反思，不断地运用加法和减法模型的过程中，深化认知，培养数学抽象思维。学生有了用 6、7 的加减法解决问题的经验和基础后，教师将"8、9的加减法解决问题"采用图文结合的方式呈现，让学生逐渐从看图过渡到看文字理解题意。教师此时引导学生体会：是两条相关的信息和对应的问题构成了一个完整数学问题。以便让学生明确简单数学问题的基本组成结构。

本单元是学生学习了"1～5的认识和加减法"之后，又一次集中认数并学习相应的加减法，其教学内容在日常生活中有着广泛的应用，同时也是进一步学习20以内数的认识和加减法计算最直接的基础。学生通过小组内讨论，回顾本单元所学知识，回想和之前学的有什么联系和区别。教师引导学生关注数学本质，并用数学语言表达。本单元在整理与复习时要关注知识之间的前后联系，让学生形成完整的数学认知结构。

建议安排4课时。

活动一 6、7的加减法解决问题

1.探究6、7的加法解决问题。

（1）阅读与理解（见教材45页上部兔子图）。

①师：仔细观察图里有什么？

预设：左边有4只兔子，右边有2只兔子；还有大括号和问号……

②师：大括号和问号表示什么意思？

预设：求一共有几只兔子。

小结：原来"左边有4只"和"右边有2只"这两条相关的信息，再加上"一共有几只"这样一个对应的问题，就构成一个简单的数学问题了呀！

（2）分析与解答。

①画一画：你能用简单的图表达信息和问题，让大家理解得更清楚吗？

预设（见图2-23）：

?只

图 2-23

② 师：怎么解决这个问题呢？你是怎样想的？

预设：求"一共有几只"就是要把这两部分合起来。

③ 算一算：怎样列式？你为什么选择用加法解决这个问题？

预设：4+2=6（只）。因为要把两部分合起来，所以用加法。

小结：也就是"左边的只数＋右边的只数＝一共的只数"。列式是 4+2=6（只）。

（3）回顾反思。

① 想一想：刚才我们是怎样解决这个问题的？

② 说一说：和你的同桌互相说一说。

③ 交流汇报。

预设：先观察图里有什么，要求什么，然后画图分析。是把两部分合起来，所以用加法。再列式计算……

▶▶ 设计意图

引导学生用解决问题的三个步骤："阅读理解""分析解答""回顾反思"，得到相关的数据信息和需要解决的数学问题，思考与加法模型中的"部分量＋部分量＝整体量"的对应关系，提炼出数学符号（大括号和问号）的意义与加法模型中各符号的对应关系，让学生经历用加法模型解决问题的一般过程。

2. 探究 6、7 的减法解决问题。

（1）阅读与理解（见教材 46 页上部青蛙图）：仔细观察图里有什么？

预设：一共 7 只，跳走了 2 只，求还剩几只。

小结："一共 7 只，跳走了 2 只"，再加上"还剩几只"，就构成了一个求剩余的数学问题。

（2）分析与解答。

①画一画：你能用简单的图表达出信息和问题，让大家理解得更清楚吗？

预设（见图2-24）：

图2-24

②师：你怎么解决这个问题呢？你是怎样想的？

预设：原来有7只，跳走2只，求剩下几只，就是要从7只里去掉2只，求剩下的。

③算一算：怎样列式？你为什么选择用减法解决这个问题？

预设：7-2=5（只）。

"求剩下几只"就是要从7只里去掉2只，所以用减法。

小结：也就是"整体－部分＝另一部分"。列式是：7-2=5（只）。

（3）回顾反思。

①想一想：刚才我们是怎样解决这个问题的？

②说一说：和你的同桌互相说一说。

③交流汇报。

预设：先观察图里有什么，要求什么，然后画图分析。"求剩下几只"就是要从总数7只里去掉2只，求剩下的部分，所以用减法。再列式计算……

④议一议：用加法和减法解决问题有什么区别和联系？

预设：相同点是都有两个信息和一个问题；不同点是加法是求合起来一共有多少，减法是知道总数求部分……

▶▶ 设计意图

　　引导学生用解决问题的三个步骤"阅读理解""分析解答""回顾反思"，得到相关的数据信息和需要解决的数学问题，思考与减法模型中的"整体量－部分量＝另一部分量"的对应关系，提炼出数学符号（大括号和问号）的意义与减法模型中各符号的对应关系，让学生经历用减法模型解决问题的一般过程。

活动二　8、9 的加减法解决问题

1. 探究"小鹿"问题。

（1）阅读与理解（见教材 51 页上部多种动物图）：同桌合作，完整说一说图中数学信息和数学问题。

（2）分析解答。

① 师：若求还剩几只小鹿，则需要哪些数学信息？

预设：知道一共有 9 只小鹿，若跑走 3 只，还剩几只？

② 师：怎么列式解答？

预设：9−3=6。

③ 师：为什么用减法计算？

预设：跑走 3 只就是从一共的 9 只小鹿里去掉 3 只，所以用减法计算。

（3）回顾反思：回顾解决问题的过程，检查解答是否正确。

① 想一想你是怎么解决这个问题的？

预设：求还剩几只小鹿，就要去找和小鹿有关的数学信息。

② 解答正确吗？

预设：剩下的 6 只小鹿和跑走的 3 只合起来一共是 9 只，因此解答正确。

▶▶ 设计意图

　　采取用简单文字配图画来呈现信息和问题的方式，引导学生从解决问题的 3 个步骤（"阅读理解""分析解答""回顾反思"）逐渐过渡到"看文字和 3 个步骤"来理解题意。帮学生顺利建立减法模型，并经历用减法模型解决问题的一般过程。

2. 自主解决"鹅"和"蘑菇"问题。

（1）合作探究。

①让学生自主选择"小鹿"或"蘑菇"问题做列式解答（见图 2-25）。

一共有 ⑨ 只小鹿，跑走 ③ 只小鹿，还剩几只？ ⑨ － ③ ＝ ⑥ （只）	树根下有6朵蘑菇，草地上有2朵蘑菇，一共有多少朵蘑菇？ ⑥ ＋ ② ＝ ⑧ （只）

图 2-25

② 在小组内说一说学生的思考过程。

（2）对比关联，感悟加法和减法模型。

①师：这两道题有什么共同点？

预设：都是先找数学信息，再列式解答，最后回顾反思。

②师：为什么"小鹿"问题用加法计算，"蘑菇"问题用减法计算？

预设：已知两部分，求合起来的整体用加法。从整体里去掉一部分，求另外一部分用减法。

▶▶ 设计意图

　　将用加法和减法解决数学问题的模型进行对比，放大问题"为什么一个用加法，一个用减法"。学生通过探究、交流、讨论，进一步深化加减法含义，并明白加减法之间关系，理解加法和减法模型，建立知识结构。

活动三　整理与复习

1. 自主整理"6～10的认识和加减法"单元知识。

（1）说一说，画一画：说一说本单元你学到的数学知识，整理成"知识图"

（见教材 63 页下方的"知识图"）。

（2）写一写，理一理：在卡片上写出结果在 10 以内的所有的加法和减法算式，再整理一下。

2. 发现规律。

小组合作探究以下内容。

（1）填一填：想想 10 以内所有的加法和减法算式应怎样整理，再把表格中余下的算式填出来（见图 2-26）。

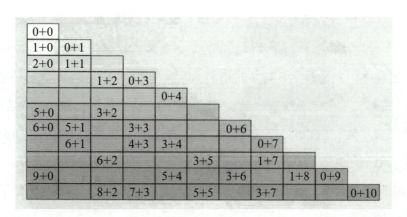

图 2-26

（2）说一说：任意指一个算式，快速地说出得数。

（3）找一找：分别计算第一列算式，你发现什么？你还能发现什么规律？

▶▶ 设计意图

　　通过画出"知识图"并展示交流，让学生完善数学认识结构，培养学生归纳和概括能力。引导学生按规律写 10 以内所有加减法算式，让学生体会分类和有序的优点，渗透有序排列思想，最后通过寻找规律并计算，让学生进一步提高计算能力，并感受加减法的意义和联系。

单元反思

本单元利用结构化思维进行整体教学设计，教师整体地教，让学生经历探究和以学为中心的教学方式，有结构地学和系统地学。通过实际操作、小组合作等方式，让学生在体验式学习与教师深入浅出的引导中，感受 6～10 和其加减法，并在此"教"与"学"过程中提升学生的数感、符号意识、几何直观、应用意识、模型思想、运算能力、推理意识等。本单元教学的具体特点有：

第一，将单元内容划分为三大板块，每一个板块都采用结构化教学。如"任务一"分为两个部分，采用同质的方法进行教学。第一部分是 6～9 的认识，在认识过程中，先是教学 6 与 7 的知识，再学 8 与 9 的知识；第二部分是 10 的认识。"任务二"和"任务三"也采用了同样的结构化教学，使教学内容既有连贯性，又有"教"与"学"的层次感，而且每个内容的连贯与层次之间存在螺旋上升。每个任务下的活动设计均围绕"教"与"学"，有结构地展开，使学生在学习中除了能够体会到数学知识的结构层次，还能够掌握结构化的学习方法，提升自己的核心素养。

第二，从"教—学—评"一体化来看，教师通过互评、自评，及时了解学生的学情，反过来利用掌握的学情调整"教"与"学"之间的不足，改进与优化，再一次进行"教"与"学"。反复进行，很好地实现了一体化，也实现了数学学科核心素养培育。

第三，教师在教学运行过程中，教学重难点明确。充分地利用学生已有的生活经验，尽量选取与学生生活息息相关的例子，让他们明白数学就在身边。特别注重"情境＋问题串"的运用，创设丰富多样的生活化情境，如超市购物、排队等，将抽象的数学知识融入其中，让学生在熟悉的场景中感受数学的实用性。在实际教学中，教师也应该根据实际情况，尽量运用互动性强的教学课件及其他信息化技术辅助课堂，设计一系列有层次的问题串引导学生思考和探索，激发他们的学习兴趣和主动性。

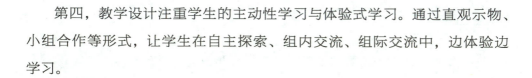

第四，教学设计注重学生的主动性学习与体验式学习。通过直观示物、小组合作等形式，让学生在自主探索、组内交流、组际交流中，边体验边学习。

六、资源辅助

1. 书刊推荐。

史宁中、曹一鸣：《义务教育数学课程标准（2022 年版）解读》，北京，北京师范大学出版社，2022。

王永春：《小学数学核心素养测评指南》，北京，首都师范大学出版社，2023。

吴亚萍：《"新基础教育"数学教学改革指导纲要》，桂林，广西师范大学出版社，2009。

王永春：《小学数学核心素养教学论（第二版）》，上海，华东师范大学出版社，2021。

袁晓萍等：《"数与代数"教学优解：小学数学大单元教学设计》，武汉，长江文艺出版社，2023。

王永春：《小学数学与数学思想方法（第二版）》，上海，华东师范大学出版社，2022。

俞正强：《种子课 2.0：如何教对数学课》，北京，教育科学出版社，2020。

2. 单元作业。

（1）在□填数（见图 2-27）。

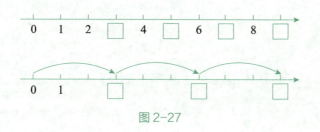

图 2-27

▶▶ 设计意图

体现数形结合的数学思想，借助数线巩固数的顺序及按规律数数，跳着数数，关联乘法知识，使学生充分掌握数的顺序及数数的不同方法，还为以后的学习做铺垫。

（2）算一算，看谁跑得快（见图2-28）。

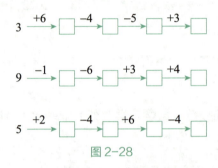

图2-28

▶▶ 设计意图

学生在比赛中激发练习计算的兴趣，在活动中巩固10以内加减法计算，并在活动中实际感受连加、连减和加减混合计算的过程。

（3）填一填（见图2-29）。

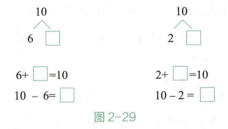

图2-29

▶▶ 设计意图

加强10的组成与10的加减法的练习，通过分一分和填一填，写计算过程，学生充分掌握10的加减法计算，并感悟加减法互逆的关系。

（4）解决问题（见图 2-30）。

左边有 □ 条 🐟，

右边有 □ 条 🐟。

一共有几条 🐟？

□ ○ □ = □ （条）

一共有 □ 个 🥥，

摘了 □ 个 🥥。

树上还有几个 🥥？

□ ○ □ = □ （个）

图 2-30

通过解决不同情境中的数学问题，学生进一步熟悉解决问题的过程，学习解决问题的一般步骤。教师用填空帮助学生梳理情境中的数学信息。因此这几题重点在于阅读理解。

（5）填数，使每行、每列或每条线上的三个数相加都得 10（见图 2-31）。

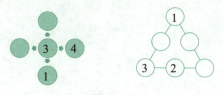

图 2-31

利用图与算式相结合，填写加法算式中的未知加数，引导学生思考先填写哪个空，再填写哪个空，让学生练习表达清楚自己的思考和计算过程。最终使学生灵活做 10 以内加减法计算。

3. 学习评价（见表2-5）。

同学们，本单元"6~10的认识和加减法"的学习结束了！给自己的表现涂上小红花吧！

表2-5 "6~10的认识和加减法"学习评价

任务	具体内容	我的小红花
理一理	我的本单元知识图：	🌸🌸🌸
试一试	直接写得数。 3+4=　　7+2=　　10-5=　　10-3-3= 2+6=　　5+4=　　10-8=　　10-2-8= 5+3=　　2+5=　　10-4=　　8-6+2= 8+1=　　4+2=　　10-7=　　6+3-6= 我在1分钟内算对了（　　）题。	🌸🌸🌸
	填一填。 9　　7 □ □○□=□ □○□=□ □○□=□ 10　　4 □ □○□=□	🌸🌸🌸
	看数画珠子。 8　　5　　10 十位 个位　十位 个位　十位 个位 图a	🌸🌸🌸

任务	具体内容	我的小红花
	根据图 b 提出数学问题并解答。 图 b	✿✿✿
记 一 记	我喜欢本单元的学习。	✿✿✿
	我喜欢发现并提出生活中与加法有关的数学问题。	✿✿✿
	我能尝试独立解决与加减法有关的实际问题。	✿✿✿
	我敢于交流或展示自己的想法。	✿✿✿
	我能认真完成学习任务。	✿✿✿
	我善于倾听别人的发言。	✿✿✿
	我能发现问题并纠正错误。	✿✿✿
数一数，我一共获得（　　）朵小红花。		

一、内容概述

单元"认识立体图形"是学生学习图形与几何知识的开始。图形与几何是义务教育阶段学生数学学习的重要领域，本单元包括三个方面的学习（见图3-1）：一是在对物体进行分类的活动中，初步认识长方体、正方体、圆柱和球；二是会用所学的立体图形知识解决简单的实际问题；三是会用所学的立体图形进行拼组，初步感知立体图形之间的关系。

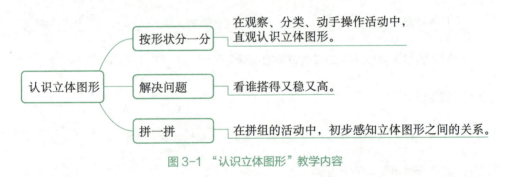

图 3-1 "认识立体图形"教学内容

新课标指出：图形的认识主要是对图形的抽象。学生经历从实际物体抽象出几何图形的过程，认识图形的特征，感悟点、线、面、体的关系；积累观察和思考的经验，逐步形成空间观念。本单元选取的题材符合学生年龄特征，与现实生活密切相关；活动的设计具有趣味性，能更好地促进学生深入思考。教师应鼓励学生动手操作，引导学生经历图形的抽象过程，积累观察

* 编写者：谭智文，湖南省株洲景炎小学；赵厚华，江苏省仪征市教师发展中心。

物体的经验，培养学生初步的观察、想象、表象思维和语言表达的能力，初步建立空间观念和模型意识。使学生获得相应的解决问题活动的基本经验，感受数学与实际生活的联系。

二、教学问题

首先，学生由于生活背景、知识与经验的不同，对物体特征的理解存在一定的个体差距。其次，此阶段学生对于立体图形并不陌生，他们从小在搭积木、玩拼图、认物体等活动中积累了关于物体形状的感性方面的经验，对它们的特征也有了初步的感知，但是要把这些感性经验进一步抽象成相对应的立体图形概念，发展出初步的空间观念，还需要教师多多引导。最后，本单元在后面安排了解决问题的活动，让一年级学生经历解决问题的全过程并做出准确表达是有难度的。

三、学习目标

1. 让学生在观察、分类、操作等活动中，直观认识长方体、正方体、圆柱和球，并能够辨认它们，能抽象出一般的几何图形。教学时应渗透分类思想。

2. 让学生在拼、摆、搭等活动中，获得对简单几何体的直观体验，并进一步认识这些立体图形的显著特征，发展出初步空间观念。

3. 让学生通过对几何体的操作活动，初步体会立体图形之间的关系，巩固对立体图形特征的认识，能用联系与变化的观点看待事物。

4. 让学生经历解决问题的全过程，深化对立体图形特征的认识，获得相应的解决问题活动的基本经验，培养解决问题的能力。

基于"教—学—评"一致性的思考，我们从核心素养、核心概念、掌握技能三个层面，对本单元的学习目标进行整体设定（见表3-1）。

表 3-1 "认识立体图形"学习目标

核心素养	空间观念、几何直观、应用意识、模型意识。	
核心概念	分类思想：通过观察生活中的实际物体，形状相同的放在一起，分门别类。	基本问题：你们是怎么分类的？为什么这么分？
	抽象思想：在进行分类后，抛开这些实物的其他属性，只考虑形状这一属性，抽象出立体图形的一般模型。	基本问题：这一类图形有什么共同的特点？你能找一找身边还有哪些物体也是这样的图形吗？
掌握技能	知：直观认识长方体、正方体、圆柱和球等立体图形的特征，并能够辨认和区别这些图形。	
	能：利用立体图形的特征，解决生活中一些关于拼、搭、摆的简单实际问题。	

四、内容设计

　　本单元以"认识立体图形"为主题，在教材中，三个教学内容相互关联，层层递进。为此，我们把三个内容以大任务的形式进行学习，将新课标中对"图形的认识"的学段要求，融合在"认识图形、玩转图形、探秘图形"三大学习任务之中，让学生在分类、观察、动手操作等活动中，认识立体图形长方体、正方体、圆柱和球，初步建立空间观念，培养解决问题的能力。

　　1. 任务一：认识图形。

　　通过将生活中的实物按形状分类，引出长方体、正方体、圆柱和球，使学生在对比中初步认识四种立体图形。

　　首先，呈现学生熟悉的实物图，同时给出活动要求"把形状相同的物体放在一起"，引出立体图形，使学生体会数学与生活的联系，并培养学生从生活中发现数学问题的意识。

　　其次，学生通过摸、推、滚等活动对立体图形进行辨认、区别，利用视觉、触觉、运动觉的协同作用，对实物进行分类，将形状相同的几种实物放在一起，从直观上认识到：虽然这些实物在材料、大小、用途等方面各不相同，但形状相同。然后逐步数学化，抛开实物的其他属性，只考虑形状属性，从而抽象出一般的模型，给出图形的名称。

在活动二中，通过"说一说"的环节，让学生回忆身边还有哪些物体与这些形状相同，从抽象回到具体，让学生根据立体图形寻找相应形状的实物，进一步认识立体图形。

2. 任务二：玩转图形。

通过"所有积木都要用上，看谁搭得又稳又高"的活动，使学生经历解决问题的全过程，深化对立体图形特征的认识，同时培养学生解决问题的能力。和教材一样，以"阅读理解""分析解答""回顾反思"突出了波利亚解决问题的四个步骤：弄清问题—拟定计划—实现计划—反思回顾。从而梳理了学生思考问题、解决问题应有的思路，让学生经历解决问题的全过程，获得相应的解决问题的基本经验。

3. 任务三：探秘图形。

在本单元，立体图形的认识学生只做直观、初步认识即可，对于图形的特征只要能通过操作活动初步感知其明显特征即可。因此，为了巩固学生对所学立体图形特征的认识，了解各种立体图形之间的关系，应让学生通过拼摆相同的立体图形来感受。如通过拼相同的小正方体，知道两个同样的小正方体可以拼成一个长方体；通过拼相同的长方体，知道两个相同的长方体可能拼成一个新的长方体，也可能拼成一个正方体。培养学生用联系、变化的观点，看待事物的意识。

本单元是与现实生活密切相关的内容，是可以"在玩中学"的典型单元。在各种有趣的活动中，要让学生发现各个图形的不同特征，感受数学学习的乐趣。下面围绕数学课程的核心素养，结合本单元学习内容，设计了教学过程表（见表 3-2）和教学效果测评表（见表 3-3）。

表 3-2　"认识立体图形"教学过程

学习内容	课时	完成的任务	教学运行方式	效果测评要点
认识图形	1	① 分一分。 ② 玩一玩。 ③ 做一做。	① 引导学生把形状相同的物体分类放在一起，并观察它们的共同特征，抽象出这些立体图形的一般模型。 ② 在摸、滚、推等活动中，引导学生初步感知物体的形状特点，说说有什么发现。 ③ 引导学生利用图形的特征进行游戏闯关。	① 直观认识长方体、正方体、圆柱和球，并能辨认和区别与这些图形相关的物品。 ② 直观描述这些立体图形的特征。 ③ 对图形进行简单分类。
玩转图形	1	① 阅读理解。 ② 分析解答。 ③ 回顾反思。	① 引导学生审题，明确要解决的问题是什么，从哪儿知道的。 ② 通过对"怎样搭才能符合题目要求"的思考，让学生充分表达解决问题的方法，在交流和辨析中获得最佳方法。 ③ 让学生讨论与交流搭得又稳又高的经验与方法。	① 能读懂题意，弄清楚要解决的问题是什么。 ② 能用自己的语言较清晰地表述自己的做法，并积极参与小组交流讨论。 ③ 能想到一定的方法解决问题，并能及时调整。 ④ 能梳理总结活动经验，有所收获。
探秘图形	1	① 拼一拼。 ② 比一比。 ③ 想一想。	① 让学生用 2 个相同的立体图形拼一拼，说说可以拼成什么图形。 ② 让学生用 4 个相同的长方体拼成大长方体，在组内比一比谁拼的方法多，说说有什么发现。 ③ 教师出示多组由相同图形拼成的图形，引导学生想象分别是由什么拼成的。	① 会用简单的立体图形去拼图。 ② 初步感知拼组图形中各立体图形之间的关系。 ③ 能想象出几个立体图形简单拼搭后的形状。

表 3-3 "认识立体图形"教学效果测评

维度	评价内容	评价等级	评价说明
空间观念	图形的抽象能力	☆ ☆ ☆ ☆ ☆	能从生活物品中准确辨认长方体、正方体、圆柱、球等立体图形，得4～5颗星。
			能从生活物品中基本辨认长方体、正方体、圆柱、球等立体图形，但存在个别辨认不准确现象，得2～3颗星。
			从生活物品中辨认长方体、正方体、圆柱、球等立体图形存在困难，错误多，得1颗星。
	能简单描述图形的特征	☆ ☆ ☆ ☆ ☆	能直观描述长方体、正方体、圆柱、球等立体图形的特征，得4～5颗星。
			能直观描述长方体、正方体、圆柱、球等立体图形的特征，但个别描述错误，得2～3颗星。
			描述长方体、正方体、圆柱、球等立体图形的特征错误多，得1颗星。
应用意识	解决问题的能力	☆ ☆ ☆ ☆ ☆	能读懂题意，有方法地独立解决问题，得4～5颗星。
			能基本读懂题意，主动尝试解决问题，得2～3颗星。
			能在教师启发下读懂题意，无法独立解决问题，得1颗星。
交流与表达能力	善于倾听，乐于表达	☆ ☆ ☆ ☆ ☆	能与他人积极交流，并准确表达自己的想法，得4～5颗星。
			能基本与他人交流，并能简单表达自己想法，得2～3颗星。
			很少与他人交流，无法清楚表达自己的想法，得1颗星。

五、教学实施

任务一　认识图形

▶▶ 策略

　　在"分一分"的活动中，要精心组织学生的学习活动，可以让学生提前准备丰富的、日常生活中常用的物品，初步感受它们的特征。如果学生对分辨长方体和正方体有困难，教师及时引导，给出提示，鼓励学生仔细观察，对比区别。在摸、推、滚等活动中，引导学生初步感知物体的形状特点，能直观描述出各立体图形的特点，如圆柱可以滚动，长方体有平平的面。再让学生说出身边哪些物体与教师出示的这些形状是相同的，帮助他们建立模型。最后将本节课的重点知识融入"做一做"游戏之中，使学生对 4 种常见立体图形的认识内化于心，外化于行。

　　建议安排 1 课时。

活动一　分一分

　　教师出示一张小朋友房间图作为主题图导入本活动。

　　师：请大家仔细看看图（出示教材 67 页"三、认识立体图形"主题图）里都有些什么？请大家把下面这些物品分分类。

　　1. 自主尝试。

　　（1）看一看：图中这些物品分别是什么样子？

　　（2）分一分：按照形状将图中的实物进行分类。

　　（3）说一说：和同桌说说你的分类结果。

　　2. 交流汇报。

　　（1）认识长方体：为什么把肥皂盒、牛奶盒还有木板这些物体放在一起，它们有什么共同点？

　　交流小结：长长的、方方的、有六个面，相对的面完全一样，这样的图形

我们就叫作长方体。（出示长方体模型图，板书：长方体）

（2）认识正方体：再来看这三个物体有什么共同点呢？

交流小结：四四方方的，6个面都完全一样，这种图形我们叫正方体。（出示正方体模型图，板书：正方体）

（3）认识圆柱：为什么把罐头、水杯这些物体放在一起？它们有什么共同点？

交流小结：通过观察，发现圆柱上下两个面是相同的圆形，侧面是曲面，我们把这种图形叫圆柱。（出示圆柱模型图，板书：圆柱）

（4）认识球：足球、篮球这些物体呢？

交流小结：圆溜溜的表面都是曲面，可以滚动，这种物体就叫球。（出示球体模型图，板书：球）

小结：这些图形都是立体图形，请同学们闭眼想想四种图形的样子。

▶▶ 设计意图

从熟悉的生活情境引入，让学生把形状相同的物体放在一起，使学生在分类的过程中初步感受几何体的特征，而后学生逐步对应，抽象出一般模型图，最后教师介绍模型图名称，使学生对每一个图形名称都获得丰富的感受。这样借助学生已有的生活经验引导学生进行学习，渗透分类思想，让学生感受数学与生活的联系，可更好地培养学生从生活中发现数学问题的意识和习惯。

活动二 玩一玩

1. 自主尝试（见图 3-2）。

图 3-2

（1）做一做：动手摸、推和滚长方体、正方体、圆柱和球。

（2）说一说：在组内说说它们有什么不同。

2. 交流汇报。

（1）师：谁来说说你有什么发现?

生：圆柱和球都有光滑的面，能在桌上滚动；长方体和正方体都是平平的面，不能滚动。

（2）师：想一想，身边还有哪些物体也是这样的图形?

生：这本书是长方体，没有削的铅笔是一个圆柱，跳棋用的玻璃珠是一个球……

▶▶ 设计意图

先让学生通过摸、推、滚多种操作活动，在视觉、触觉、运动觉的协同作用下，初步了解各种立体图形的特征，感受平面和曲面的区别。然后让学生说出生活中哪些物体与上面这些立体图形的形状相同，帮助学生更好地建立立体图形的一般模型。这样的活动，既能发展学生的空间观念，又能体现数学在生活中的应用。

活动三 做一做

1. 游戏"我说你拿"。

规则：两人一组，一人说图形，一人闭眼拿图形。

2. 游戏"我说你猜"。

规则：两人一组，一人说图形的特点，一人闭眼猜图形。

3. 游戏"我说你搭"。

规则：两人一组，一人搭好组合图形后，通过描述让另一人搭出同样的图形。

师：通过刚才的游戏，你有什么收获?

▶▶ 设计意图

在第一个游戏中，学生需要将头脑中建立的几何图形表象与手中所摸到的物体进行匹配，进一步强化头脑中的几何表象。在第二个游戏中，学生需要听懂同伴描述的物体特征，并在头脑中找到与此特征相匹配的几何图形。而第三个游戏是前两个游戏的综合，更具挑战性。在这些不同形式的游戏活动中，学生不仅能感受到"数学好玩"，并增强合作意识，还能借此加强对几何图形的感知和认识，进一步发展空间观念。

任务二 玩转图形

▶▶ 策略

本任务要让学生经历解决问题的全过程，感受解决问题的基本方法。首先教师可以通过"要解决的问题是什么，你是从哪知道的"等问题，培养学生的审题能力。其次，教师可以引导学生思考"怎样搭才能符合题目要求"，让学生充分表达自己解决问题的方法，并在倾听交流中获得解决问题的最佳方法，培养学生解决问题的能力。最后，教师引导学生交流搭积木的经验，总结搭得又稳又高的方法，加深学生对立体图形特征的认识。

建议安排1课时。

活动一 阅读理解

教师出示主题图（见图3-3），提问：搭积木，所有的积木都要用上，看谁搭得又稳又高。

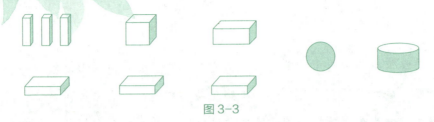

图 3-3

师：你从题中知道了什么？关键词是什么？

学生提炼，教师板书"所有""又稳又高"。

师追问：这两个词告诉了我们什么？

生：要把所有积木用上，而且要高，不能倒。

师：谁能完整地说一说题目要解决的问题是什么？

▶▶ 设计意图

这是学生第一次接触这样的解决型问题，教师在出示题目后，引导学生仔细观察，说一说要做什么，允许学生相互补充。教师除了要让学生弄清楚本题的题意外，还要有目的、有计划地培养学生的审题能力，为后续学习做基础。

活动二　分析解答

1. 议一议。

师：观察这些积木的特点，在搭的过程中你有什么好主意？

生：长方体竖着放比横着放要高，圆柱放平或立起来才稳。

2. 自主尝试。

（1）试一试：按要求自己尝试搭一搭。

（2）比一比：组内谁搭得又稳又高。

（3）说一说：组内说说你在拼搭的过程中有什么诀窍。

3. 交流汇报。

学生分享组内搭得最高的同学的作品，师生交流互动。

（1）师：都是用这些积木，为什么他搭得就高一些呢？

生：长方体竖着放比平着放要高。

（2）师：球怎样摆才稳呢？

讨论后明确：球的表面是弯曲的，容易滚动。如果把 1 个球放在 3 个小长方体做成的基座上面，可以放稳。

▶▶ 设计意图

在学生理解题意后，引导他们在动手前先观察积木特点。教师在学生搭建之前应先对他们进行方法指导，使搭建过程中学生可把更多时间放到不断地尝试与创新上，深入感受几何体的特征。"分析解答"的活动让学生充分经历解决问题的过程，获得"尝试—反思—再试—反思"，这一做探究性活动的一般方法。

活动三 回顾反思

1.说一说。

鼓励学生说说在搭积木过程中的诀窍与收获，集体交流反馈。

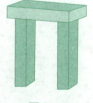

图 3-4

生：3 块中号的长方体，像这样（见图 3-4）用其中两块竖着用做支撑，另一块横着盖在上面，可以增加高度。

师追问：为什么不用 1 块或者 3 块做支撑呢？

生：用 1 块做支撑不稳定，用 3 块浪费了，可以用 2 块支撑，用 1 块横着放来增加拼搭高度。

2.归纳总结。

师：刚才我们解决了什么问题？是怎样解决的？

教师总结搭得又稳又高的方法：巧妙利用各种积木的特点，如让积木平的面着地，以保证平稳。

▶▶ 设计意图

　　让学生分享在搭建过程中总结出的经验与收获，既可对解决的问题做方法回顾，也可培养学生的数学表达能力，让学生享受数学带来的成功体验。"回顾反思"能帮助学生梳理解决问题的基本步骤与方法，为后续解决问题积累基本的活动经验，让学生思维向更高层次发展。

任务三 探秘图形

▶▶ 策略

　　教师可以先引导学生通过拼搭 2 个相同的几何图形，让学生加深对所学图形关系的认识，如 2 个同样的小正方体可以拼成 1 个长方体，2 个同样的圆柱可以拼成 1 个大圆柱。然后让学生用 4 个相同的小长方体拼搭出不同的长方体，答案不唯一，重点感受长方体之间的关系。操作时，可先让学生独立思考，再组内交流，然后全班汇报，互相纠正补充。最后，教师呈现用若干个相同的小正方体拼成的一些立体图形，引导学生想象这些立体图形是由几个小正方体拼成的，如有学生因看不见实物小正方体而判断有困难的，教师可以让其先把实物摆出来，再数一数。

　　建议安排 1 课时。

活动一　拼一拼

出示主题图（见教材 71 页上侧有 3 个孩子的图）。

师：图中的孩子在干什么？

师：我们也来拼一拼吧。

1. 自主尝试。

（1）想一想：用 2 个相同的立体图形可以拼成什么图形。

（2）拼一拼：将想象的图形拼出来，并说说拼出了什么图形。

2. 汇报交流。

（1）师：说说你用 2 个什么立体图形拼成了 1 个什么新的图形。

生：2 个长方体拼成了 2 种不同的长方体；2 个正方体拼成了 1 个长方体；2 个圆柱拼成的还是圆柱。

（2）师：你有什么发现？

生：相同的立体图形拼出来的可能是不同种类的立体图形。

▶▶ 设计意图

通过用 2 个相同几何体做简单拼摆，让学生感受立体图形之间的关系。2 个相同的立体图形既可以拼出同种立体图形，也可以拼成不同种类的立体图形，为下面的若干个几何体拼搭打下基础。通过这样的拼摆活动，学生可初步探索图形之间的联系，在观察、想象、操作中发展空间观念。

活动二　比一比

出示问题：用 4 个相同的小长方体拼一拼，你能拼出几种不同的长方体？

1. 自主尝试。

（1）想一想：用 4 个相同的小长方体可以拼出哪些不同的长方体。

（2）拼一拼：将你的想法尝试拼出来。

（3）比一比：谁拼的方法多？说说你们的发现。

2. 交流汇报。

让学生交流他们自己的结果。

（1）师：这些拼法有没有相同的？你们还有其他拼法吗？

生：像这样的两种样子是一样的，只是 1 种立着，1 种躺着（见图 3-5）。

（有学生没想到的情况，教师可以示范，让学生观察、模仿、动手操作。）

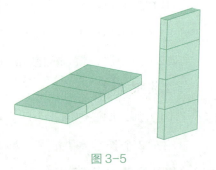

图 3-5

（2）师：你有什么发现？你有什么技巧？

总结：一共可以拼出 6 种不同的长方体，可以按照先拼第 1 层，再拼第 2 层，最后拼到第 4 层这样的方法来按顺序拼。

▶▶ 设计意图

　　放手让学生用 4 个相同的长方体拼摆，经历先想象、再尝试、最后反思的解决问题的过程，感受长方体之间的关系。这样的探索活动，不仅让学生获得初步活动经验，还从中渗透有序思想，培养学生思维的灵活性。在活动中教，让学生在体验中学。

活动三　想一想

出示题目（见图 3-6）。

图 3-6

1. 自主尝试。

（1）辨一辨：图中的组合图形分别是由几个相同的长方体或正方体拼成的。

（2）验一验：通过摆一摆、数一数来验证自己的答案。

2. 交流汇报。

师：在观察图形时，你有什么要提醒大家的？

生：要仔细观察，借助想象看有没有隐藏的。

▶▶ 设计意图

> 通过让学生数拼好的图形中长方体或正方体的个数，充分经历观察、想象、验证的探究过程。必要时，可以用摆一摆、数一数或课件演示来验证，最后通过交流，进行方法的总结。这样的想象活动可发展学生的空间观念，培养主动反思的学习习惯。

单元反思

课程目标以学生发展为本，以核心素养为导向，进一步强调学生获得"四基"，发展"四能"，形成正确的情感、态度和价值观，这是新课标的重要课程理念。"认识立体图形"这一单元是学生学习"空间与图形"的起始单元，对于一年级学生来讲是比较抽象的知识内容。一年级学生在日常生活中已经接触过各种形状的物体，有一定的感性认识，本课的学习要将他们已有的感性经验进行整理和抽象。

在图形与几何领域中，"图形的认识"教学应遵循"实物—图像—表象—抽象"的认知路径。针对本单元内容特点和学生年龄特点的理解和处理，为了在教学中取得好的效果，主要在以下几方面进行关注。

一是，注重任务驱动，让学生在活动中学。

素养导向的课堂教学是以学生为主体，在动手实践、自主探索、合作交流中获得"四基"，发展"四能"，逐步形成适应终身发展需要的核心素养。达成该目标的关键之一是设计"好任务"（活动），一个有思考空间的真实任务有助于驱动学生真探究和真发现。本单元设计了三个大任务，每个大任务下又设计了三个层次递进的大活动，每个活动都是先给出具体的学习要求后，让学生自主尝试探索，然后再反馈交流。这种基于任务驱动的大单元教学设计，立足课程整体理念和思维，为学生提供真实的任务，激发学生的求知欲和挑战欲，让学生在任务驱动下学习新知，应用新知，感受生活中处处有数学，体会到数学的应用价值。让学生真正站在数学学习的中央，使数学核心素养得到浸润式培养。

二是，注重动手实践，让学生在操作中学。

本单元中一系列的知识点都是通过学生的动手实践来获得的。兴趣是推动学习的一种最实际的内在驱动力，是学生学习积极性中最现实最活跃的因素，同时根据学生"好奇、好动"心理，在课前准备充足的活动材料，每个小组一堆实物（如牙膏盒、乒乓球、易拉罐、魔方、小木块等）玩一玩，分一分，在这样的过程中，学生不知不觉地感知了这些实物的形状，并为后续学习营造了一个良好的学习氛围。又如在摸一摸环节中，让学生看一看和摸一摸球、圆柱、长方体、正方体，说说有什么感觉。这样不仅每个学生自我表现的欲望得到满足，而且学生在实践中感知了长方体、正方体、圆柱、球等形体的特征。这些活动充分调动了学生的全员参与和全身心投入，让学生在活动的课堂中逐步加深了对长方体、正方体、圆柱、球的认识，体会感悟出其特征，使抽象的概念具体化。

三是，创设游戏环境，让学生在"玩"中学。

为了更好地联系生活，应用所学知识，教师设计了多种有趣的游戏。如"找朋友"的游戏，让学生根据对正方体、长方体等立体图形的认识，寻找生活中的实物，这样能把物体、几何图形和图形名称联系起来感知。如"我说你拿"的游戏，一人描述图形的特征，另一人用手进行触摸物体，准确想象出物体的形状，并同几何图形联系到一起，说出物体的图形名称。新课标强调要注重幼小衔接，所以教师应充分利用学生在幼儿园阶段的日常生活经验，并在游戏中让学生获得丰富的活动体验。

综上所述，本单元的教学要结合一年级学生的年龄特点，充分利用学生在幼儿园阶段积累的有关图形的经验，以直观为主，在游戏和活动中学习立体图形的认识等相关知识，引导学生学会观察、倾听、分析、判断、合作、表达与交流，重视对学生认真审题、语言表达、合作交流等习惯和能力的培养。

六、资源辅助

1. 书刊推荐。

王永春：《小学数学与数学思想方法》，上海，华东师范大学出版社，2014。

曹培英：《跨越断层，走出误区："数学课程标准"核心词的解读与实践研究》，上海，上海教育出版社，2017。

吴亚萍：《数学教学改革指导纲要》，福州，福建教育出版社，2017。

袁晓萍等：《"数与代数"教学优解：小学数学大单元教学设计》，武汉，长江文艺出版社，2023。

曹培英、顾文：《跨越断层，走出误区.小学数学深度学习教学研究》，上海，上海教育出版社，2022。

俞正强：《种子课2.0：如何教对数学课》，北京，教育科学出版社，2020。

顾志能：《问题点燃课堂：小学数学"生问课堂"教学模式的实践研究》，上海，上海教育出版社，2021。

曹培英、张晓芸：《跨越断层，走出误区：小学数学问题解决教学研究》，上海，上海教育出版社，2021。

2. 单元作业。

（1）认一认，连一连（见图3-7）。

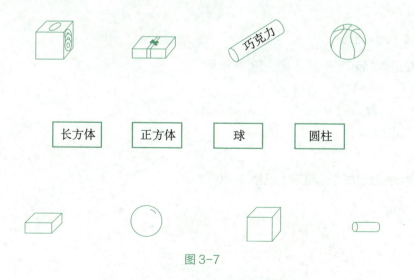

图 3-7

▶▶ 设计意图

以连一连的形式使实物和一般模型建立联系，考查学生对立体图形的认识与理解。

（2）请为下面三件物品选择合适的包装盒，并连一连（见图3-8）。

图3-8

▶▶ 设计意图

以连一连的形式，让学生通过观察图片想象不同实物和一般模型，并进行勾连比较，深化学生对立体图形的特点的认识与理解。

（3）圈一圈。

把最难搭起来的圈起来（见图3-9）。

图3-9

把滚得最快的圈起来（见图3-10）。

图3-10

把能站稳的那一组圈起来（见图 3-11）。

图 3-11

以圈一圈的形式，让学生通过观察图片想象图形的拼搭过程，加深学生对立体图形的特点的认识，发展空间观念。

（4）数一数（见图 3-12）。

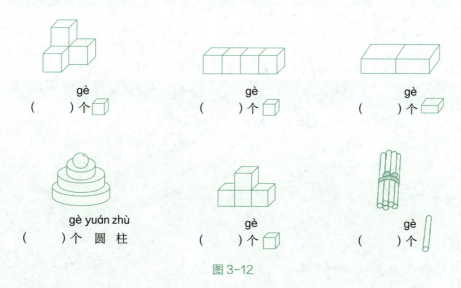

gè
( ) 个 ▢

gè
( ) 个 ▢

gè
( ) 个 ▱

gè yuán zhù
( ) 个 圆 柱

gè
( ) 个 ▢

gè
( ) 个 ▱

图 3-12

以数一数的形式，借助不同图形表征，让学生先观察、想象，再得出结论，发展空间观念。

（5）搭一搭。

实践活动一：用自己的积木搭一个漂亮的作品，用相机拍下来或者用彩笔画下来，并配上说明。

实践活动二：用自己的积木搭一个最高的作品，用相机拍下来或者用彩笔画下来，并测量它的高度。

▶▶ 设计意图

以"实践作业"的形式，让学生进行操作活动和多元表征，培养学生的动手能力，感受数学与生活的联系。

3. 学习评价表（见表3-4）。

同学们，本单元"认识立体图形"的学习结束了！给自己的表现涂上小红花吧！

表3-4 "认识立体图形"学习评价

任务	具体内容	我的小红花
理一理	在这单元的学习中，我学习了什么？有什么收获？ 我还有哪些困惑？	✿ ✿ ✿

任务	具体内容	我的小红花
试 一 试	**连一连。** ① ❄️ 冰箱　　a. ▱ 长方体　　⑤ 🧊 魔方 ② 🔋 卷　　b. ▢ 正方体　　⑥ 特级茶叶 ③ 🏐 排球　　c. ⬜ 圆柱　　⑦ 🛢️ 油桶 ④ 牙膏　　d. ○ 球　　⑧ 盒子	🌸🌸🌸
	在稳定的图形下面画"√"。 (　　)　　(　　)　　(　　)　　(　　) (　　)　　(　　)　　(　　)	🌸🌸🌸

任务	具体内容	我的小红花
	数一数，填一填。 	✿✿✿
	（　　）和（　　）同样多。 ○和▯一共有（　　）个。 ▯比▯少（　　）个。	
记 一 记	我喜欢本单元的学习。	✿✿✿
	我能在生活中准确找到这些学过的图形。	✿✿✿
	我敢于交流或展示自己的想法。	✿✿✿
	我能认真完成学习任务。	✿✿✿
	我善于倾听别人的发言。	✿✿✿
	我能敢于发现问题并纠正错误。	✿✿✿
数一数，我一共获得（　　）朵小红花。		

第四单元
11～20 的认识 *

一、内容概述

　　"11～20 的认识"是教材中"数与运算"中的内容，这一单元包括了 10 的再认识、11～20 的认识、简单加减法、解决"求两数之间有几个数"的实际问题（见图 4-1）。

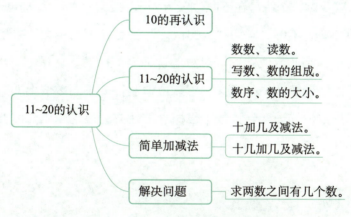

图 4-1 "11～20 的认识"单元内容

　　本单元是数的认识中的关键内容，是正式认识数位的开始。区别于第一、第二单元的 0～10 的认识，第四单元将学习重点从数学符号表达和逐个累加，进入到数位的认识。本单元主要通过"10 的再认识"初次认识数位，以认识"数群"的方式，从数位的角度，通过 20 以内数的数数和读数、数的组成和写数、数的顺序和大小来认识数，通过学习简单的加减法和解决问题巩固对数的

* 编写者：张绮，湖南省株洲八达小学。

认识，为 20 以内的加减法的学习做好准备。

统观新课标指出，在数的认识教学中，教师要紧扣"位值制"和"计数单位"两个核心概念，而本单元是接触数位、理解数位的开始。小学一年级学生的思维以具体、形象为主，教学中应从生活场景引入，借助生活实物、小棒学具、抽象的计数器、数学符号来形成对数的丰富表征，让学生可用恰当的方式感受不同的数位上表示的数值不同，初步感受和理解数位的含义。在教学中让学生经历操作、交流、质疑、理解的过程，形成初步的数感和符号意识。

二、教学问题

学生已经能够认、读和写 1~10 的数，初步感受了用单一的符号表示具体数量的抽象过程，在生活中学生也接触到过一些比 10 大的数，但学生对数位的理解，以及对一个符号在不同位置上表示的数值不同（特别是十位上的 1 表示十）的理解还不够。学习"数的认识"就是在不断用数位去理解数的表达与数的大小，因此数位的理解对数的认识至关重要。认识 11~20 各数时，要让学生很好地理解数位的意义，感知位值制，即不同数位上的数字表示的数值不同。从数位的理解到计数单位概念的建立，是这个单元需要重点关注和突破的难点。

三、学习目标

1. 让学生在具体情境中通过"10 的再认识"，认识个位和十位，初步认识十进制，初步体验位值制的作用。

2. 让学生通过观察、操作认识 11~20 各数，能用数表示物体的个数或事物的顺序，在真实的情境中理解数的含义，初步体会数学抽象的过程，发展符号意识。

3. 让学生在数数、拨数等活动中明白数的组成，能够正确、有序地读写各数，能对一些物品数量进行简单的估计，作出合理判断，发展数感。

4. 让学生能够根据数的含义和加减法的含义正确计算十加几、十几加几和相应的减法，进一步掌握 11～20 各数的组成，了解加法算式和减法算式各部分的名称。

5. 让学生在解决"两数之间有几个数"的问题中体验解决问题的三个步骤：阅读理解、分析解答和回顾反思，并能用数数、画图等多样方法解决简单的问题，进一步理解数的基数和序数含义，获得解决问题的基本经验，培养解决问题的能力。

基于"教—学—评"一致性的思考，下面从核心素养、核心概念、掌握技能三个层面，对本单元的学习目标进行整体设定（见表 4-1）。

表 4-1 "11～20 的认识"学习目标

核心素养	数感、几何直观、推理意识、应用意识。	
核心概念	数位（位值制）：数是由数字符号及其所在的位置表达的。一个数字在不同的位置上表达的数值不同，因而可以用 0～9 表示很多的数。	基本问题：10 里的"1"和"0"分别表示什么意思？11 里的两个"1"表示的意思一样吗？
	计数单位：数是由不同的计数单位组成的，用"数字 + 计数单位"来表示的。	基本问题：1 个十和 2 个一合起来是多少？15 里有 1 个十和几个一？
掌握技能	知：知道个位与十位表示的意思，理解数位的含义，知道数的组成，理解简单加减法的算理。	
	能：能数数、读数、写数，能准确计算简单的加减法，会用数数、画图等方法解决"两数之间有几个数"等类似的问题。	

四、内容设计

第四单元教材以"11～20 的认识"为主题，涵盖了数数、写数、数序、简单加减法、解决问题等内容，在教材的练习中还出现了读数、数的组成、比较两数大小等知识。"11～20 的认识"是数的认识的关键内容，也是正式认识数位的开始，所以"数位"的认识和理解是这一单元的核心概念，教学中可以围绕核心概念"数位",按照"认识数位—丰富感知数位—理解数位—运用数位"的思路来学习,将这个单元诸多细碎的知识和方法进行微整合。如在丰富感知数位时主要设计了数数的活动,在数数中发现"十和几就是十几",而顺势学习读数;在理解数位时设计了写数的活动,在写数的同时就要明晰"有 1 个十就在十位写 1,有几个一就在个位写几",将数的组成纳入写数十分合情理;而在运用数位来学习数的顺序时,将数的大小整合在一起,"点数累加"和"逐渐变大"进行了无缝对接。经过这样的整合,原本细碎的知识变得有条理。

本单元以 3 个大任务"数的认识、数的运算、应用和整理"为主线设计一系列的学习活动,让学生在数数、读数、写数、排序、动手操作等丰富活动中认识数位,初步理解数的意义,会进行数的表示,感知数的大小,初步建立数感;在十几的简单加减法中运用数的意义理解算理,培养运算能力;在运用和整理中培养解决问题的能力。围绕数学课程的核心素养,结合本单元学习内容,设计了教学过程表(见表 4-2)和教学效果测评表(见表 4-3)。

表 4-2 "11~20 的认识"教学过程

学习内容	课时	完成的任务	教学运行方式	效果测评要点
数的认识	4	10 的再认识(认识数位)	引导学生: ① 感知"10 个为一组数数既方便又清楚"。 ② 感受 10 个一是 1 个十,认识十位和个位。	① 能正确点数并用数表达。 ② 知道 10 个一是 1 个十,认识十位和个位。 ③ 明白十位和个位的含义。
		11~20 的数数和读数	引导学生: ① 数一数,评一评,积累点数和 10 个一组的数数经验,发现"十和几就是十几"。 ② 想一想,19 添上 1 是多少?感受"满 10 进 1"。	① 能在 10 个为一组的基础上点数 11~20。 ② 知道"满 10 进 1"。 ③ 建立数的直观感知,培养数感。

学习内容	课时	完成的任务	教学运行方式	效果测评要点
		11~20 的写数和组成	引导学生： ① 拨数，明白数的组成。 ② 看图，学会写数。 ③ 巩固提升，灵活转换。	① 感知位值制（十位上的数表示几个十，个位上的数表示几个一）。 ② 能正确写数。 ③ 能准确说出数的组成。
		11~20 的顺序和大小	引导学生： ① 按顺序排数，发现数的基本排列规律。 ② 快速找一找，熟悉数的顺序。 ③ 准确判一判，根据数序比较两数大小和"远近"关系。	① 明晰 20 以内数的顺序和排列规律。 ② 能正确判断两数之间的大小关系。 ③ 能根据数序明晰数所在的位置和"远近"关系，培养数感。
数的运算	1	十几的简单加减法	引导学生： ① 看图写算式，根据数的组成正确计算。 ② 拨数写算式，结合数的含义理解算理。	① 能根据数的组成正确计算 10 加几以及相应减法。 ② 能借助数的含义计算简单的十几加几及相应的减法。 ③ 初步培养抽象思维。
运用与整理	2	解决问题	引导学生： ① 阅读与理解，理解题意。 ② 尝试解决，用自己的方法解决问题，交流数数和画图的方法。	① 能阅读图文，理解题意。 ② 会运用数数和画图等方法独立解决相关问题。 ③ 积累解决问题和运用数学知识的经验。
		整理与复习	引导学生： ① 同桌说一说，回顾单元所学知识。 ② 制作"知识图"，用自己的方法整理单元知识。	① 对 11~20 有整体认识，对数位有更加清晰的理解。 ② 能灵活地数数，熟练地计算，能独立解决相关问题。 ③ 培养反思和整理的意识。

表 4-3 "11~20 的认识"教学效果测评

维度	评价内容	评价等级	评价说明
数感	准确数数	☆☆☆☆☆	能准确数数，并能选择合适的方法灵活数数，得 4~5 颗星。
			能准确数数，并能按要求数出事物的数量，得 2~3 颗星。
			能准确点数，得 1 颗星。
	理解数的意义	☆☆☆☆☆	知道数位，理解个位和十位上的数表示的意思，能快速准确读数并说出数的组成，得 4~5 颗星。
			知道数位，能快速准确读数并说出数的组成，得 2~3 颗星。
			能说出一个数的组成并读数，得 1 颗星。
	合理估算	☆☆☆☆☆	能以"10 个"为标准估计事物的数量范围，能准确判断两个数的"远近"，得 4~5 颗星。
			能估计事物的大概数量，能大概判断两个数的"远近"，得 2~3 颗星。
			能估计事物的大概数量，得 1 颗星。
数学表达	正确写数	☆☆☆☆☆	能结合数位准确写数，理解数字写在相应的数位表示的具体意思，得 4~5 颗星。
			知道数字写在不同的数位表示的意思不同，能用数准确表示数量，得 2~3 颗星。
			能用数准确表示事物数量，得 1 颗星。
运算能力	正确计算	☆☆☆☆☆	理解算理，并能达到每分钟 25 题，正确率在 95% 以上，得 4~5 颗星。
			知道算理，并能达到每分钟 15~20 题，正确率在 80%~94%，得 2~3 颗星。
			知道算法，每分钟 5~14 题，正确率在 30%~79%，得 1 颗星。

续表

维度	评价内容	评价等级	评价说明
应用意识	解决问题	☆☆☆☆☆	能理解图文的题意，会用"数数""画图"等多种方法灵活解决问题，有回顾反思的习惯，得 4～5 颗星。
			知道图文的题意，能正确解决问题，能准确表达自己解决问题的过程，得 2～3 颗星。
			能模仿解决同类问题，得 1 颗星。

五、教学实施

任务一 数的认识

▶▶ 策略

　　充分利用学生已有的学习经验让学生自己尝试探索 11～20 各数的数概念的各个方面。引导学生在数数中感知以 10 个数为一组数数的简便，通过对 10 的再认识，重点认识个位和十位。在数小棒、拨计数器、排数等动手操作活动中，让学生明晰 11～20 各数的顺序和排列特点，学会数的读法、写法，会比较数的大小。在交流汇报中让学生重点辨析各个数字的意思，展示 19 添 1 变成 20 的过程，感悟"满 10 进 1"，了解数位的概念，理解十进制和位值制的原理。在猜数、找数等游戏中激发学生探索数学的兴趣，培养学生的数感。

　　建议安排 4 课时。

活动一　10 的再认识

1. 数数，感知 10 个数一组。

活动要求。①数一数：在主题图中选一种事物数一数。②说一说：同桌互相说一说你是怎么数的，你们数数的方法一样吗?

（1）师：同学们，你们都会数数吧！那我们一起来比一比，谁能数得又快又好！

出示主题图（见教材73页"四、11～20的认识"主题图）。

汇报：请一组同桌来说说你们是怎么数的。

（2）注意引导评价：

生：我数了灯笼，有15个，1，2，3，4，5，6……一共15个。（评价：你是按从左到右一个一个数的，这样按顺序数，一个不漏，数得好！）

生：我数的是图中的人，有11个。1，2，3，4……一共11个。（评价：数得真清楚！）

生：我数了图中有11个人，一圈有10个，加里面的一个就是11个。（评价：你的方法很特别！）

生：我数了两边的小花，左边有10个，右边也有10个，共20个。（评价：你的方法有技巧！）

生：我数了小彩旗，有13面，我是两面两面数的，2，4，6，……，12，13。（评价：还可以两个两个数，真好！）

……

（3）师：这些数数的方法中，你欣赏谁的方法？为什么？

重点感受：10个一组，数起来既方便又清楚。

师：用这个方法来数一数其他的事物。

▶▶ 设计意图

通过数主题图的事物，使学生通过熟悉的生活情境感悟数学来源于生活，引导学生用数学的眼光观察日常生活。让学生自主数数量较多的事物，了解学生数数的经验。通过交流对比，感受"10个一组，数起来既方便又清楚"。课堂呈现丰富的资源，让学生数，交流自己数数的过程，再用生生互评，让学生最终感知10个一组的数法的好处。

2.拨数，认识数位。

（1）师：看来这个 10 很关键，我们今天再好好来研究它。（揭示课题：10 的再认识）

师：这里有一些小棒，我们一起来数一数。刚好 10 根，用刚才大家的方法，10 根可以看作一组，我们把 10 根小棒捆成一捆，10 个一就变成了一捆，这一捆就是 1 个十。

说一说，刚才捆一捆就把什么变成了什么？（把 10 个一变成了 1 个十）

（2）师：我们再来用计数器数一数 10。1，2，3，……，9，再拨一个就是几？这里有 10 个一了，可以变成什么？（10 个一可以变成 1 个十）

操作：把个位的 10 颗珠子拨掉，换成前一位的一颗珠子。

课件演示（见图 4-2）。

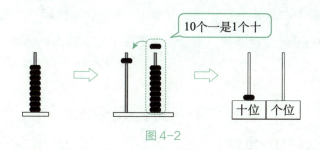

10个一是1个十

十位　个位

图 4-2

（3）师：这么一换你们有意见吗？在没有数位的情况下，10 颗换 1 颗，不平等。那你们有什么办法改变吗？

交流得出：左边这一颗珠子不简单，是 10 颗珠子换来的，表示的是 1 个十，所以它所在的位置可以称之为十位，而右边这个位置表示一个一个的，就称之为"个位"。

师：10 中有 1 个十，就在十位上写 1，个位没有，就在个位上写 0。0 可以不写吗？

（4）师：说一说 10 中的"1"和"0"分别表示什么。

学生交流得出：10 中的"1"表示 1 个十，"0"表示没有单独一个一个的。

（5）师：10 和 0~9 这些数有什么不同？

学生交流得出：0~9 只有一个数字，10 有两个数字。

（顺势介绍：一位数和两位数）

10 也是用数字 0 和 1 来表示的，没有出现新数字。

（引导得出感悟：有了数位，就可以用 0～9 表示更多的数）

▶▶ 设计意图

　　通过数小棒，让学生将 10 根小棒捆成一捆，认识 10 个一是 1 个十。区别于第二单元 10 的认识，这一环节对 10 的探究从一个一个的累加转换到一个整体——十。通过拨计数器，将"10 个一是 1 个十"的过程在计数器上演示，经过辨析，让学生认识个位和十位两个数位产生的必要。通过说一说 10 中的"1"和"0"分别表示什么，让学生明白个位和十位上的数表示的意思不同，渗透位值制的思想。通过讨论 10 和 0～9 这些数有什么不同，让学生知道 10 是一个两位数，感受到有了数位就能用 0～9 表示很多数。本活动主要在演示、交流中进行。

活动二　11～20 的数数和读数

1. 数数，认识 11～20。

活动要求。① 数一数：抓一把小棒，数一数有多少根，和同桌说一说你是怎么数的。② 评一评：怎么数能又快又清楚？③ 想一想：19 添上 1 是多少？你是怎么想的？

（1）师：同学们，请从你们准备的学具里抓一把小棒，用自己的方法数一数有多少根，再和同桌说一说你们是怎么数的。开始吧！

（2）师：（组织汇报）怎么数能又快又清楚？

生：我是一根一根数的。

生：我先数出 10 根捆成一捆，是 1 个十，再数一根一根的，有 5 根，就是十五根。

生：我两根两根地数，2，4，6，……，12，14，有 14 根。

（3）师：（引导对比评价）你们觉得他们数数的方法怎么样？你最喜欢谁的方法呢？

汇报后呈现对比图片（见图4-3），直观感知 10 根一捆不但方便数，还能清楚地看出数量。

图 4-3

（4）师：19 添上 1 是多少？你是怎么想的？

生：19 添上 1 就是 20！

师：怎么得的 20 啊？谁能边做边说说。

边操作展示边交流：19 是 1 个十和 9 个一，再添 1，就有 10 个一，10 个一捆成一捆，又变成 1 个十，和前面的 1 个十合起来是 2 个十，2 个十是 20。

（5）师：原来一根一根的小棒 9 根添一根就满了 10 根，只要满了 10 根，就又可以捆成 1 个十，这样就得到了 2 个十，2 个十就是 20！赶快再和同桌数一数，捆一捆，说一说 20 是怎么来的吧！

▶▶ 设计意图

在数小棒的活动中带学生认识 11～20 各数。从学生随机抓一把小棒用自己的方法数，到引导学生突出认识把"十"作为计数单位，进一步感知 10 个为一组数数方便又清楚，这一过程使学生不仅能在 10 的基础上 1 个 1 个地数到 20，并且直观地了解 11～20 各数都是由一捆（1 个十）和几根（几个一）组成的。通过引导学生操作演示 19 添上 1 是 20，让学生直观感知"只要满 10 个一就可以变成 1 个十"，初步理解"满 10 进 1"。

2. 读数，感知 11～20 的特点。

活动要求。①快速读一读：你能看小棒图快速读出小棒的数量吗？②同桌说一说：这些数量的小棒有什么共同点？

（1）师：刚才你们数了 11～20，看！这些小棒经过整理，数起来很清楚。

出示几组小棒图（见图 4-4）：刚才我们数的这些小棒的数量有什么共同点？

十一　　十二　　十三　　十五　　十六　　十八

图 4-4

生：这些小棒图中都有一捆，只是单独的小棒根数不一样。

生：这些小棒都是十几根。

（2）追问：你怎么知道都是十几根？

交流得出：这些数量都有 1 个十和几个一，1 个十和几，就是十几。

▶▶ 设计意图

　　在数数的基础上，呈现各种数量的小棒图请学生对比观察，直观地了解 11～20 各数都是由 1 个十和几个一组成的，顺势得出"十和几就读作十几"，将读数和数位建立联系。在此基础上能根据图片认、读数，初步认识数序，为写数做准备。

3. 灵活数数，发展数感。

（1）数蝌蚪（见教材 79 页"练一练"第 1 问的图）。

师：先猜一猜大约有多少只小蝌蚪。

师：再圈出 10 个，接着数一数。

（2）摆小棒。

用小棒摆出这些数：十一、十三、十六、二十。

师：看谁摆得又快又对！

（3）比比谁数得快（见教材 79 页"练一练"第 3 问的图）！

师：数一数。说说你是怎么数的。谁的方法数得快？

交流得出：我们还可以两个两个、五个五个数，这样数数很快。

▶▶ 设计意图

通过多样的数数活动，激发学生的学习兴趣，使学生数数更加熟练和准确。通过不同层次的数数活动，逐步从点数到圈数，再到估计数量，从一个一个数到根据事物的情况一组一组（几个几个）灵活数数，发展学生的数感。

活动三 11~20 的写数和组成

1. 拨数，明白数的组成。

（1）出示小棒图（见图 4-5）。

图 4-5

活动要求。① 读一读：看小棒图读数。② 拨一拨：计数器上拨出这个数。③ 说一说：你是怎么在计数器上拨数的。

引导学生明晰个位和十位的位置：右边起第一位是个位，第二位是十位。学生汇报。

师：你是怎么拨出这些数的？

生：有 1 个十就拨 1 颗十位上的珠子，有几个一就拨几颗个位上的珠子。二十是 2 个十，就拨 2 颗十位上的珠子。

（2）你能通过拨计数器和读小棒图说一说 11 是怎么组成的吗？15 呢？

学生通过拨计数器和数小棒图说数的组成，明白十位有 1 颗珠子就有 1 个十，个位有几颗珠子就有几个一。

通过看小棒图拨计数器的游戏，让学生更加清晰地认识个位和十位。借助小棒图和拨计数器直观感知 11~20 各数的组成，理解十位上的 1 颗珠子表示 1 个十，个位的一颗珠子表示 1 个一。

2. 看图，学会写数。

（1）教师出示小棒图和计数器（见教材 77 页上侧 11、15、20 图，但教师先只出示小棒图和计数器，不出示数字），学生尝试写数。

活动要求。①写一写：试着在数位表下方写出这个数。②说一说：你是怎么写这个数的。③同桌讨论：这里每个数字表示什么意思？

师：你会写 11、15 和 20 吗？试一试。

师：说说你们是怎么写数的。

追问：20 中的"0"可以不写吗？

（2）师：刚才我们写了 11、15、20，谁能来说说怎么写数？

引导学生总结写数的方法：有 1 个十在十位写 1，有 2 个十在十位写 2。有几个一在个位写几。

（3）师：11 中的两个"1"意思一样吗？ 20 中的"2"和"0"分别表示什么？

学生交流得出：十位的 1 表示 1 个十，个位的 1 表示 1 个一，相同的数字在不同的数位上能表示不同的数。20 中的 2 表示 2 个十，0 表示没有单个的一。

（4）得出感悟：有了十位和个位，就可以用 0~9 表示更多的数了。看来这个数位是特别重要的！

通过看小棒图和计数器引导学生尝试写数，汇报写数过程，在此基础上进行写数方法的归纳，这样既给学生以直观上的支持，又突出了

"十位上的数表示几个十，个位上的数表示几个一"，即位值制的含义，通过对比分析"11"的个位与十位的"1"表示的意思是否相同，强化学生对位值的理解。

3. 巩固提升，灵活转换。

（1）看图写数（见教材 79 页"练一练"第四问的图）。

（2）看数拨珠。

请在计数器上拨出 10、13、16、18。

（3）看数说组成。

试一试：十位上的数表示几个十，个位上的数表示几个一。不看图和计数器，你知道 12 里有几个十和几个一吗？ 19 呢？

▶▶ 设计意图

通过图、计数器、数的组成和数之间的灵活转换，使学生对于写数、数的组成的认识更加清晰和丰富。尤其在看数说组成时，学生将脑海中的图像抽象成不同数位上的数，促进了对数的理解的内化。

活动四　11～20 的顺序和大小

1. 按顺序排数。

活动要求：① 把 0～20 的数按顺序排一排。② 看一看这些数的顺序，你有什么发现？

（1）师：（活动前）我们已经学习了 0～20 的数，你能按顺序把这些数排排队吗？

请拿出自己制作的 0～20 的数字卡片，同桌一起排一排吧！

师：（汇报）你们是按什么顺序排的呢？

学生可能按从小到大排，也可能按从大到小排，都可以。

（2）师：（出示按顺序排好的 0～20）看这些数的顺序，你有什么发现？

引导发现数的排列顺序：一位数按 0～9 的顺序；两位数 10～19 十位都是 1，个位又按 0～9 的顺序。

（3）师：按这个顺序，你能接着往后数一些数吗？

▶▶ 设计意图

教师应让每位学生都动手排一排数，学生在排数的过程中不但巩固了数数、写数，还能够学习有序排列。通过排数，学生可明晰 20 以内数的顺序，并通过观察，初步感知数的排列规则。区别于学生生活中学到的随口数数，这时候教师让接着往后数，是让学生运用数的排列规则来数的，蕴含了数位的知识。

2. 快速找数、比大小。

（1）师：刚才大家数了这么多数，你能快速找到老师说的数吗（出示教材 78 页直尺图）？

活动要求。① 找一找：根据教师的提示语快速找出直尺上的数。② 说一说：怎么能快速找到指定的数？③ 判一判：为什么说 15 比 14 大？

提示语：

找到 12，再找到 17。

19 的前一个数是？ 11 的后一个数是？

与 15 相邻的两个数是？

比 14 大的数有哪些？

找数游戏中，教师应渗透"相邻""前一个数""后一个数"的概念。

（2）你能说说为什么 15 比 14 大吗？

学生可以根据 14+1 才是 15 来判断；也可以说 15 在 14 的后面；还可以说 15 和 14 都有 1 个十，但 15 里还有 5 个一，而 14 里只有 4 个一，通过数的组成来比较。

（3）12 更接近 10 还是 20？为什么？

学生通过直接观察得出 12 更接近 10。

追问：12 与 10 隔了几个数？ 12 与 20 之间有几个数？

（4）再练习：15 更接近 10 还是更接近 20？

▶▶ 设计意图

通过找数，使学生感受学习的乐趣，并巩固 20 以内数的顺序的知识。通过辨析"15 为什么比 14 大"，让学生根据数序和数的组成等方法正确判断两数之间的大小关系。通过观察数序来判别数所在的位置和其他数的"远近"关系，培养学生的数感。

任务二 数的运算

▶▶ 策略

引导学生通过看图写算式和拨计数器深化 20 以内数的认识，根据数的含义说清算理，掌握十几的简单加减法的算法，介绍加减法各部分名称，再逐步脱离图进行简单的加减计算，初步培养学生的抽象思维。

建议安排 1 课时。

活动　十几的简单加减法

1.十加几及相应的减法。

（1）出示小棒图（见图 4-6），读数并说明含义。

活动要求。① 根据小棒图写算式。② 同桌交流算式的

意思。

师：同学们，这是多少？

生：13。

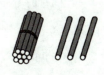

图 4-6

师：说说你是怎么知道的。

生：这里有 1 个十和 3 个一，合起来就是 13。

师：说得真好！13 由 1 个十和 3 个一这两部分组成。

（2）师：你能根据这幅图写几个算式吗？自己写一写，然后把算式的意思和同桌说一说。

师：（汇报）你们写了哪些算式？

（3）师：10+3=□，说说你是怎么想的。

师：不看图能不能算 10+3？说说你的想法。

引导学生理解：10+3 就是 1 个十加 3 个一，合起来就是 13。

（4）师：怎么计算 13−3？

生：13 里有 1 个十和 3 个一，减去 3 个一，剩 1 个十，就是 10。

（5）概括算法：像这样十几相关的简单加减算式，怎么计算呢？

引导得出：十加几或几加十得十几，十几减几就得 10，十几减 10 就得几。

▶▶ 设计意图

　　看小棒说数的意思，为看图列算式和"十加几"的简单加减计算做铺垫。学生之前已经掌握看一幅图列出四道加减法算式的方法，此处顺势迁移，将重点放在讲清楚算理上，引导学生看图说到结合数的含义来说算理，逐步抽象。

2. 十几加几及相应的减法。

（1）师：还想学习更多的计算吗？请看老师拨计数器。

拨一拨：先拨出 11（这是多少？）再在个位拨 2 颗珠子是多少呢？

（2）师：刚才老师拨计数器的过程可以用一个什么算式表示？请写一写，再同桌交流。

活动要求：①写一写：根据老师拨数的过程写一个算式。

②同桌交流：这个算式是什么意思？怎么计算？

（3）师：（汇报）说说你们的算式。11+2 是什么意思？说说你是怎么计算 11+2 的。

交流得出：2 和个位的 1 加在一起，就是 3，十位还是 1，结果是 13。

追问：2 为什么和个位的 1 加在一起？而不和十位的 1 加在一起。

引导学生明白：2 表示 2 个一，只能加在个位上。如果加在十位上，是表示加了 2 个十。

（4）迁移：那 13-2 用计数器怎么表示？结果是多少？

强调：减 2，是要在个位上拨去两个珠子，剩下 1 个珠子，十位的 1 不变，所以是 11。

（5）介绍加减法各部分名称：

11 和 2 相加，这样用来相加的数就叫加数，13 是它们合起来的数，叫和。

在这个减法算式中，13 被减去了 2，叫被减数，2 是减去的数，叫减数，减法算式的结果 11，叫差。

▶▶ 设计意图

　　通过拨数的动态直观演示，让学生感知"加上"和"去掉"的过程，顺势连接到加减法的含义，经历用加减算式表示拨数的过程，借助数的含义计算出简单的十几加几及相应的减法，并认识加减法算式中各部分名称。

3.练一练，巩固提升。

（1）看图写算式（见教材 81 页"做一做"第 2 问的图）。

（2）开火车（教师出示口算卡片，学生轮流答）。

（3）找朋友（见教材 83 页"练一练"第 1 问的图）。

师：你知道怎么找朋友吗？

生：得数相同的就是好朋友，用线连起来。

▶▶ 设计意图

　　多样的练习以游戏的形式给学生，从图到单纯的算式，逐步抽象，激发学生的兴趣。

任务三 运用与整理

▶▶ 策略

　　引导学生在理解题意的基础上自主尝试解决问题，给学生综合运用本单元所学知识创造了机会，让学生经历解决问题的一般过程，让学生自主探究解决问题的多种方法，发展解决问题的策略，积累解决问题的经验，提高解决问题的能力。通过交流本单元学到的知识，让学生对单元知识形成比较清晰的认知结构。通过画"知识图"和交流展示，帮助学生回忆、整理，并重点揭示知识背后的关联，对 11～20 的数有整体认识，对数位有更加清晰的理解。同时关联 10 以内数的认识和加减法，使新旧知识融会贯通，引导学生把旧知纳入新知的体系，形成一般化的认知。

　　建议安排 2 课时。

活动一　解决问题

1. 尝试解决问题。

　　活动要求。① 我会读图：从图中你知道了什么信息？说给大家听。② 我来试一试：用自己的方法试着解决这个问题。

　　（1）出示主题图（见教材 82 页上侧植物中排队图），阅读理解。

　　师：谁能用自己的话说说这是一件什么样的事情？

　　师："之间"是什么意思？"第 15"是什么意思？

交流得出：之间的人是两个人中间的人，这一问题不包括两端的小丽和小宇。

（2）师：说一说，你是怎么解决的？

注意及时评价和引导学生互评。

（3）师：你能详细说说是怎么数出小丽和小宇之间的人数的吗？你能来黑板前画一画吗？

引导学生注意：数的时候，数一个数就算一个，注意第 10 和第 15 都不能算。画的时候，第 10 前面的和第 15 后面的都不用画，中间要按顺序数出 11、12、13、14。

如果有学生用减法算式，则要追问：为什么用减法，要注意什么？

（4）师：这些方法你喜欢哪一种呢？

▶▶ 设计意图

通过解决"之间有几人"的问题，深化学生对数的大小、数序的理解，加深对基数和序数含义的认识。引导学生理解"画示意图"是帮助理解题意的重要手段、数数是一种有效的解题策略，鼓励学生灵活运用自己能理解的方法解决问题。

2. 运用方法解决问题

（1）东东和玲玲之间有几人（见教材 83 页"做一做"中的图）？

要求：用自己喜欢的方法独立解决，再交流汇报。

（2）东东家住 5 楼和亮亮家住 9 楼，他们两家住同一幢楼，他们的家之间有几层？

要求：用自己喜欢的方法独立解决，再交流汇报。

（3）推迟后，运动会星期几开（见教材 84 页"练一练"第 5 问）？

活动要求：说说"推迟"是什么意思？然后用自己喜欢的方法解决，再交流汇报。

▶▶ 设计意图

　　通过让学生解决更多生活中的问题，巩固画图法和数数的方法。同时让学生感知这类方法不但可以解决"之间有几人"的问题，还可以解决很多像"两个数之间有几个数"之类的问题。在解决更多问题的过程中，积累学生用数学的经验。

活动二　整理与复习

　　1. 交流整理。

　　（1）师：这一个单元学习了什么知识？与之前学的 0～10 有什么不同？和同桌说一说。

　　注重：引导评价和总结提升。

　　总结：像 0～9 这样只有一个数字的数是一位数。像 10、11、12……这样由两个数字组成的数是两位数。

　　（2）师：11～20 的数是怎么表示的？

　　引导学生聚焦到数位：一个一个地增加，满 10，就可以变成 1 个十，写在十位上。十位上的数表示的是几个十，个位上的数表示的是几个一。有几个十就在十位写几，有几个一就在个位写几。

　　（3）师：你觉得本单元最重要的知识是什么？

▶▶ 设计意图

　　通过说一说本单元学到的知识，唤起学生对单元知识的回顾和整理。通过与前面 0～10 的对比，既对"数位"进行重点的整理，又对 11～20 的数增强了整体认识。

　　2. 制作"知识图"。

　　（1）师：小宇把这个单元学到的知识整理成知识图（出示教材 85 页"小宇

整理的'知识图'"），你能看懂吗？

（2）师：把你学到的知识画一画，写一写，形成自己的"知识图"。

活动要求：把你学到的知识画一画，写一写，形成自己的"知识图"。全班展示交流。

（3）师：展示一下你们的"知识图"吧！

师：这些知识图有什么共同点？

引导评价：这些"知识图"中你最喜欢哪一幅？

▶▶ 设计意图

让学生先学会看知识图，再照样子用画一画、写一写这些他们喜欢的方式将单元知识整理成"知识图"。在关于知识图的交流中，学生既能加深对知识的印象，也能接触到更多的总结方法。

单元反思

新课标提出在课程内容组织方面要对内容进行结构化整合，探索发展学生核心素养的路径。"数与代数"领域通过将相同本质特征的内容整合成为同一主题的方式实现内容的结构化，体现了学习内容的整体性和一致性。内容结构化引发了单元设计和呈现方式的变化，为整体分析学习内容创造了条件，也促进着课堂教学改进的持续研究。11～20 各数的认识，是学生认识两位数的起始阶段，也是学习十进位值制计数法的启蒙阶段，在学生建立数的概念中起着关键作用。教师应对这部分内容的本质有清晰的认知，这将有助于教师站在知识发展的体系中，站在学生认知的脉络中，站在学生思维发展的轨迹中把握教学本质、定位教学目标、设计教学活动。这个单元是"10 以内数的认识"的延续，是认识数位的起始课，这是认识更大自然数的基础，是学生数概念形成过程的一次突破，也是学生认数过程中的一个重要节点。在教学中要特别注意以下几个方面。

1. 注重整体理解，明确核心概念。

新课标在注重教学内容的结构化方面，提示教师在教学中要重视对教学内容的整体分析，了解数学知识的产生与来源、结构与关联、价值与意义，强化对数学本质的理解。数的认识重点在于数的意义和数的表达，"位值制"（数位）和"计数单位"是整数认识的核心概念。本单元虽然没有进行大的单元整合，但是改变之前以课时为单位的教学设计，整个单元紧扣"数位"，暗藏着"认识数位—丰富感知数位—理解数位—运用数位"的整体教学思路。所有的学习活动，如数数、读数、写数、区分基数与序数、掌握数序与大小、数的组成、简单加减法、解决问题的落脚点都在数位的理解上，使整个单元不仅有丰富的活动，还有连贯的线索和明确的单元目标，那就是感悟数位和计数单位。

2. 尊重已有认知，形成深度理解。

教师应尊重学生的原有经验和基础，依据学生认知情况设计学习活动。本单元的数数、读数、数序及大小、加减法和解决问题的知识，学生已有一定的了解，但对于数的概念和位值制背后的意义学生了解得不多。而这些抽象概念的建构需要大量的体验。在本单元教学中，教师应引导学生借助实物、小棒、计数器等直观素材，充分经历数数的过程，在数数的过程中认识数的组成、数序，感受数的大小关系。教材的数数活动除了例题中数小棒的"1个1个地数"，还出现了练习中的"2个2个地数"以及"5个5个地数"。在数的顺序和大小的教学中，通过排一排数卡片和在直尺上找数的方式，让学生亲历数轴的抽象过程，并引导学生对数有进一步的深刻体验。教师提出"15在哪里？为什么15在14后面呀？12是离10近一些还是离20更近一些呢？与15相邻的数是多少？"诸如此类的问题，可充分调动学生的兴趣和积极性，丰富学生数数的经验，让学生达成对数的深度理解。

3. 丰富教学方式，发展核心素养。

新课标提倡要选择能引发学生思考的教学方式，注重启发式、探究式、参与式、互动式等教学方式，让学生在实践、探究、体验、反思、合作、交流等学习过程中提升自我，促进核心素养的发展。新教材的编排中体现了这一点，而在教学中，教师更应该依据学生的已有认知，进行适当的详略处理，依照学生的特点确定合适的教学方式，注重动手操作和直观经验的积累，多让学生自己去操作、感悟、探索等。学生在这样丰富的学习活动和学习方式中认识数位，理解数的含义，更有利于初步形成数感和符号意识。

六、资源辅助

1. 书刊推荐。

王永春：《小学数学与数学思想方法》，上海，华东师范大学出版社，2022。

曹培英：《跨越断层，走出误区："数学课程标准"核心词的解读与实践研究》，上海，上海教育出版社，2017。

刘徽：《大概念教学：素养导向的单元整体设计》，北京，教育科学出版社，2022。

袁晓萍等：《"数与代数"教学优解：小学数学大单元教学设计》，武汉，长江文艺出版社，2023。

郑杰：《为了学习的合作》，武汉，长江文艺出版社，2018。

郑杰：《为了合作的学习：让课堂变革真实地发生》，上海，华东师范大学出版社，2017。

俞正强：《种子课：一个数学特级教师的思与行》，北京，教育科学出版社，2013。

俞正强：《种子课 2.0：如何教对数学课》，北京，教育科学出版社，2020。

黄建初：《走向实证：给教师的教科研建议》，上海，华东师范大学出版社，2021。

陈静静：《学习共同体：走向深度学习》，上海，华东师范大学出版社，2020。

曹培英、张晓芸：《跨越断层，走出误区：小学数学问题解决教学研究》，上海，上海教育出版社，2021。

王永春：《小学数学核心素养测评指南》，北京，首都师范大学出版社，2023。

马云鹏、吴正宪：《〈义务教育数学课程标准（2022 年版）〉案例式解读 . 小学》，上海，华东师范大学出版社，2022。

2. 单元作业。

（1）数一数，说说你是怎么数的（见图 4-7）。

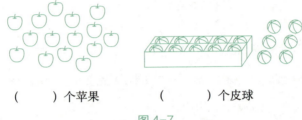

（　　　　）个苹果　　　（　　　　）个皮球

图 4-7

▶▶ 设计意图

引导学生通过数不同的事物，感知数数的方法。在考查学生数数时，第一层次是点数，数清楚；第二层次是能运用 10 个为一组的方法数，感知 10 个一组数数方便又清楚；第三层次是灵活数数，根据材料的排列，灵活选择几个几个数。在练习中要呈现丰富多样的练习材料，让学生进行多样练习、对比感悟。

（2）计数器上的思考（见图 4-8）。

① 计数器上有数位，右边起第一位是（　　　）位，第二位是（　　　）位。

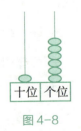

图 4-8

② 右图表示的数是（　　　），读作（　　　）。

③ 这个数由（　　　）个十和（　　　）个一组成。

④ 如果只拿走一粒珠子，那么这个数最小是（　　　）。

⑤ 如果只增添一粒珠子，那么这个数最小是（　　　）。

▶▶ 设计意图

引导学生通过对计数器的思考，明晰数位。用读数和写数、数的组成来考查学生对数的认识的基本掌握情况。通过拿走或增添一粒珠子，引导学生感受不同数位上的数发生的变化，对数的大小产生的变化是不同的，让学生在比较数的大小的同时进一步感知位值制。练习中，可以适当呈现一些灵活的练习素材，激发学生的思考。

（3）7+$\square$=17　　10+$\square$=12　　11+$\square$=13

▶▶ 设计意图

通过填数字巩固十几的加减法计算。区别于普通的口算，在方框里填数考查了学生的逆向思维，学生在思考过程中既可以用减法来填，更可以结合数的含义来计算。对于计算的巩固，除了常规的口算，教师可以适当设计多样的形式，如填加数、算式比大小、连线等，让学生在多样形式中不断熟练。

（4）探究性实践作业：用自己喜欢的方法数棋子，你能数到多少？

▶▶ 设计意图

学生通过数棋子练习数数，培养数感。学生既可以灵活数数，还可以数比 20 多的数。数数作为一项学习活动，加入趣味性和挑战性会大大激发学生的学习热情。

3.学习评价表（见表 4-4）。

同学们，本单元"11～20 的认识"的学习结束了！给自己的表现涂上小红花吧！

表 4-4 "11~20 的认识"学习评价

任务	具体内容	我的小红花
理 一 理	选一个 11~20 的数，用我的喜欢方式表示它。 它与其他知识有联系，我来画一画，写一写！	✿✿✿
试 一 试	看图 a、b、c、d 写数，看数画珠。 十位 个位　　十位 个位　　十位 个位 图 a　　　图 b　　　图 c　　　图 d （　　　）（　　　）　1　6　　2　0	✿✿✿
	按顺序在图 e 中填数。 |		11		13		| |				12	10		| 图 e	✿✿✿
	我会填一填： 1 个十和 8 个一合起来是（　　　）。 十位上是 1，个位上是 9，这个数是（　　　），与这个数相邻的 两个数是（　　　）和（　　　）。 13 的 "3" 在（　　　）位上，表示（　　　）个（　　　）；"1" 在（　　　）位上，表示（　　　）个（　　　）。	✿✿✿

续表

任务	具体内容	我的小红花
	直接写得数。 12+7=　　8-7=　　16-5=　　10+2= 17-7=　　13+4=　　10+8=　　4+15= 14+5=　　19-10=　　16-6=　　18-3= 4+6+5=　　19-6-2=　　18-4-4=　　14+3-2= 我在 1 分钟内算对了（　　）题。	✿ ✿ ✿
	解决问题（见图 f）。 我排第1。　　　　　我排第14。 小红　　　　　　小刚 图 f 小红排第（　　），小刚排第（　　）， 他们之间还有（　　）个小朋友。	✿ ✿ ✿
记一记	我喜欢本单元的学习。	✿ ✿ ✿
	我善于倾听别人的发言。	✿ ✿ ✿
	我能认真完成学习任务。	✿ ✿ ✿
	我敢于交流或展示自己的想法。	✿ ✿ ✿
	我喜欢发现并提出生活中与排队有关的数学问题。	✿ ✿ ✿
	我能尝试独立解决问题。	✿ ✿ ✿
	我能在不懂时敢于向他人请教。	✿ ✿ ✿
数一数，我一共获得（　　）朵小红花。		

一、内容概述

"20 以内进位加法"是教材中"数与运算"中的内容。这一单元一共包括四个部分（见图 5-1）：一是 9 加几，二是 8、7、6 加几，三是 5、4、3、2 加几，四是用加法解决问题。

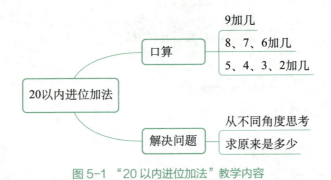

图 5-1 "20 以内进位加法"教学内容

20 以内的加减法是四则运算的根基。再复杂的加减法也是通过 20 以内的加减法进行口算，并借助竖式记录下来进行计算的。乘法是加法的简便运算，除法是乘法的逆运算。所以，20 以内的加减法是所有运算的核心和基础。学生对本单元进位加法的算理理解与算法掌握，教师在教学中必须给予足够重视。

新课标在课程理念部分中提出，要设计体现结构化特征的课程内容。在课程内容组织方面的重点是对内容进行结构化整合，探索发展学生核心素养的路

---

* 编写者：汤敬，湖南省株洲市荷塘区博雅小学。

径。在课程内容"数与代数"领域中指出，数的运算重点在于理解算理、掌握算法，数与运算之间有密切的关联。可见，本单元教学应重点关注：经历算理和算法的探索过程，理解算理，掌握算法；感悟数与运算以及运算之间的关系；体会数的运算本质上的一致性，形成运算能力和推理意识。其中最关键的就是掌握凑十法，以十进位值制计数法为依据，用算理促进算法。

二、教学问题

从学生学的角度看，在本单元的学习之前，大部分学生已经初步具备 20 以内进位加法的技能。一般情况下，能做到正确计算的学生大多用一个一个数、接着数、直接记忆等方法。在学习该内容之前，会用凑十法计算的学生有一部分，但能以多种方式表达凑十法的学生则不多。可见，即使学生通过"10 的加减法""10 的再认识"等建立了 10 的观念，但对凑十法的思维过程仍可能不了解。因此，本单元教学教师需要通过大量的活动操作，让学生用摆小棒或正方体、拨计数器、说（填）凑十法的计算过程、圈一圈等不同方式深入感知"凑十"的思维过程，理解并掌握"凑十"的计算方法，体会进位加法的算理，以形成 20 以内进位加法的计算模型：拆数凑十（见几想几，拆数凑十）。

从教师教的角度看，教师常对各部分内容做单一课时教学，很少对"9 加几""8、7、6 加几""5、4、3、2 加几"做整体性思考与教学设计，导致学生对算理、算法体系建构不深刻；教师在学生体验与练习过程中过多强调"拆大凑小"，会影响学生用凑十法进行十进制位值制计数的理解，从而对数与运算的关联认识不到位。

三、学习目标

1. 引导学生知道 20 以内进位加法的基本方法，能熟练、准确地口算 20 以内的进位加法。

2. 引导学生通过观察、操作、比较、分析和交流等探索活动过程，感受凑整思想和转化思想，能主动迁移计算方法，形成一定的运算能力；在不同算法的交流中，体会算法多样化，增强主动优化算法的意识，培养灵活运算的能力和初步的推理能力。

3.让学生在用加法解决问题过程中，发展数学阅读和表达能力，积累解决问题的经验，感受数学与生活的密切联系，增强对数学学习的兴趣。

4.通过数学学习，渗透集合、函数、转化、数形结合等数学思想，增强学生合作、模型、应用、创新等意识。

基于"教—学—评"一致性的思考，我们从核心素养、核心概念、掌握技能三个层面，对本单元的学习目标进行整体设定（见表5-1）。

表5-1 "20以内进位加法"学习目标

核心素养	运算能力、推理意识、几何直观、模型意识、应用意识。	
核心概念	凑十法：以凑十法为统领，体现"数与运算"的整体性、一致性。	核心问题：摆、移、拨、圈、分等不同方式表示计算过程，它们有什么关系？计算时，无论拆大数或拆小数，共同点是什么？
	加法模型：基于解决问题四步骤过程，利用直观图形具象加法模型的建构与应用，体会数量关系的整体性、一致性。	核心问题：回顾我们之前是怎样解决这类问题的？整理信息时用文字表示还是用画图表示更能让我们看明白加法？
掌握技能	知：正确、熟练计算20以内进位加法，理解算理与算法之间的关系。	
	能：用图画表示简单数量关系，用"分量＋分量＝总量"加法模型解决实际问题。	

四、内容设计

新课标基于运算能力更强调让学生明晰运算的对象，理解算法与算理之间的关系，关注运算的一致性，通过运算培养学生的推理能力有助于形成规范化思考问题的品质。为此，在教学中，创新性围绕"凑十法""加法模型"两个核心概念将四部分内容重新整合设计，使学习脉络更加结构化、条理化、系统化，实现教师关联的教，学生系统的学（见表5-2）。

表 5-2　"20 以内进位加法"整合前后的教学体系

整合前	整合后	目标定位
9 加几	探秘凑十法（9 加几，8、7、6 加几）	感知凑十方法和必要性，掌握不同"凑十"方法，理解"十进制"，关联"数"与"运算"。
8、7、6 加几	练习凑十法（5、4、3、2 加几）	掌握规律并灵活运用凑十法，感悟转化思想，知道关联"10 加几"。
5、4、3、2 加几	玩转凑十法	应用凑十法，强化凑整意识，建构知识体系，提升思维。
解决问题	用加法解决问题（不同角度思考求和、求原来有多少）	理解"总量与分量"数量关系，知道从不同角度思考建构"加法模型"，应用模型解决"求原来"等实际问题。

　　凑十法不仅是一种计算方法，更是学生理解"十进制"、形成"凑整意识"、寻求简便方法的起始和关键。加法模型"分量 + 分量 = 总量"是后续减法、乘除法等运算的模型，以及后续以"数量关系"为主题的问题解决的基础和关键。基于两个核心概念的意义，以"大单元、大任务"这一结构化理念，让学生经历建立模型和应用模型过程，为后续学习做铺垫。以核心素养统整单元学习内容，设计了教学过程表（见表 5-3）和教学效果测评表（见表 5-4）。

表 5-3　"20 以内进位加法"教学过程

学习内容	课时	完成的任务	教学运行方式	效果测评要点
凑十法	3	探秘凑十法	引导学生： ① 圈一圈、拨一拨、分一分等，感受凑十法。 ② 比一比、填一填、说一说，感受拆大数和拆小数两种不同的凑十法，知道拆数"凑十"。	① 形成"凑十"的思维意识，知道拆数"凑十"。 ② 感悟数形结合、转化、推理等数学思想，会表达思维过程。 ③ 会用进位加法计算模型：见几想几，拆数"凑十"。

续表

学习内容	课时	完成的任务	教学运行方式	效果测评要点
		拓展凑十法	引导学生： ① 算一算、说一说，感受"凑十"的规律，掌握"凑十"的通用方法。 ② 想一想、说一说，拓展不同计算方法，感受交换律和运算推理。	① 会应用"凑十"的规律，简化、快速计算。 ② 能灵活运用算法和算律，形成运算技能。
		玩转凑十法	引导学生： ① 玩一玩，游戏中熟练凑十法。 ② 填一填、说一说，感受破十法。	① 会熟练运用凑十法。 ② 会逆向运用凑十法，感悟破十法。
解决问题（加法模型）	2	从不同角度思考的求和问题	引导学生： ① 阅读与理解，理解数量关系。 ② 分析与解答，自己尝试、同伴交流，感受"从不同角度思考"和"求原来"的加法模型。 ③ 回顾与反思，形成加法模型应用意识。	① 会读图，理解数量分析。 ② 能解决"从不同角度思考的求和问题"和"求原来的问题"，形成加法模型意识。 ③ 会应用模型解决实际问题。
		解决"求原来"问题		
整理与复习	1	整理"20以内进位加法"单元知识	引导学生： ① 理一理、说一说，回顾单元知识。 ② 写一写、画一画，整理单元知识。 ③ 找一找、填一填，发现应用规律。 ④ 练一练、比一比，巩固形成能力。	① 会用自己的方式整理，形成整理习惯。 ② 会观察、发现规律，培养推理能力。 ③ 能关联新旧知识，培养转化能力。

表 5-4 "20 以内进位加法"教学效果测评

维度	评价内容	评价等级	评价说明
运算能力	正确计算	☆☆☆☆☆	正确率 95% 以上,速度每分钟 25 道以上,得 4~5 颗星。
			正确率在 80%~94% 之间,速度每分钟 15~25 道题,得 2~3 颗星。
			正确率在 30%~79% 之间,速度每分钟 5~15 道题,得 1 颗星。
	算法灵活	☆☆☆☆☆	算法灵活多样,过程表征科学合理、简洁明了,得 4~5 颗星。
			算法合理,表征准确,得 2~3 颗星。
			能计算结果,不会表征过程,得 1 颗星。
	理解算理	☆☆☆☆☆	能有条理、有逻辑地说理,得 4~5 颗星。
			能说理,但表述无条理,得 2~3 颗星。
			会计算,不会说理,得 1 颗星。
推理意识	归纳推理	☆☆☆☆☆	会探索、交流,会发现、归纳,得 4~5 颗星。
			能参与探索、交流,能做简单归纳,得 2~3 颗星。
			只会参与探索、交流,无发现归纳能力,得 1 颗星。
	类比推理	☆☆☆☆☆	会观察、比较异同,会优化,得 4~5 颗星。
			能观察、比较异同,得 2~3 颗星。
			能参与观察、比较,但不会发现,得 1 颗星。
几何直观	数形结合思想	☆☆☆☆☆	会用图表、操作等解释、分析问题,形成习惯,得 4~5 颗星。
			能用图表、操作等解释、分析问题,但无良好的习惯,得 2~3 颗星。
			没有用图表、操作等解释、分析问题能力与习惯,得 1 颗星。

续表

维度	评价内容	评价等级	评价说明
模型意识	建构模型	☆☆☆☆☆	会多角度观察、分析"总量与分量"的数量关系，用加法解决问题，得 4~5 颗星。
			能分析"总量与分量"的数量关系，用加法解决问题，得 2~3 颗星。
			能模仿解决问题，但没有模型意识，得 1 颗星。
应用意识	有意识利用数学解决实际问题	☆☆☆☆☆	会灵活多样的用加法解决实际问题，得 4~5 颗星。
			能用加法解决实际问题，得 2~3 颗星。
			能解决部分实际问题，得 1 颗星。

五、教学实施

任务一 凑十法

▶▶ 策略

　　教师以"整体建构"的理念，将"9 加几""8、7、6 加几""5、4、3、2 加几"学习内容与练习进行整合，以凑十法核心概念为主要任务，设计"探秘凑十法—拓展凑十法—玩转凑十法"3 个有梯度的活动，重点引导学生经历凑十法形成的发展过程，感悟数形结合、转化、推理等数学思想。将练习过程上升为"探索规律"行为，让学生在具体练习中经历、体验和探索，逐步感受交换运算律、快速简便的凑十法规律及运算规律巧用，形成运算技能，发展思维。

　　建议安排 3 课时。

活动一　探秘凑十法

1. 理解凑十法：自主探索 9+4 的计算方法。

（1）活动。

① 试一试：用移一移、圈一圈（摆一摆）、拨一拨、分一分，表示出 9+4 的计算过程（见图 5-2）。

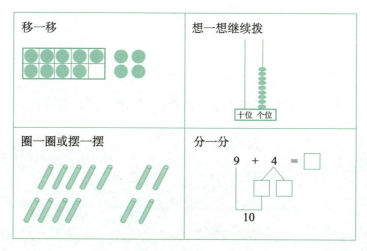

图 5-2

② 说一说：和同桌说说这些方法有什么共同点。

（2）交流汇报，问题引导。

① 师：在移一移、圈一圈、分一分时，大家的做法有什么共同点？为什么要这样做？

生：都是先将 4 拆分成了 1 和 3，用 1 和 9 凑成 10，再用 10 加 3 等于 13。（板书：拆 4 凑 10）

② 师：谁能在计数器上拨一拨 9+4 的计算过程？

学生演示，师：他拨时分为两步，谁看明白了？

生：先 9 颗加 1 颗，满 10 进 1；再拨个位的 3 颗，也就是 13。

③ 师：拨一拨和移一移、圈一圈、分一分，是否一样？

生：一样是先拆 4 凑 10，再 10 加 3。

④师：除了拆4凑10，还可以怎么做？你来摆一摆、画一画、分一分。

学生展示，师：在摆一摆、画一画、分一分中都是怎么做的？（先拆9凑10，再10加3）

⑤师：比较9+4的两种不同拆分法（见图5-3），有什么异同？

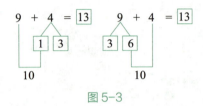

图5-3

生：不同点是一种拆4凑10，一种拆9凑10；共同点都是先拆数凑10，再10加几。

▶▶ 设计意图

首先，通过经历移一移、圈一圈、拨一拨、分一分等方式表示"9+4"的计算过程，让学生数学思考过程可视化。其次，引导学生关联不同计算方式，明确共同目标是"凑十"。最后，借助操作、画图或者图示帮助学生分析拆9或拆4，这些不同拆法的异同，深刻理解凑十法源于十进制位置制的算理，感知其计算模型：拆数"凑十"，再算10加几。在过程中，关联10加几的计算，实现新知向旧知的自主转化。在教学中将9+4=9+1+3或4+6+3的推理过程在操作、说理中直观化，让学生摸得着、看得见、想得到、说得清，从而有效渗透转化、推理等数学思想方法。

2.深化凑十法：自主探究7+5和8+5。

（1）自主尝试。

①算一算：用不同的拆数方法计算7+5和8+5。

②说一说：和同桌选择一个算式，说说你不同的拆数方法。

（2）交流汇报，问题引导。

预设学生作品（见图5-4）。

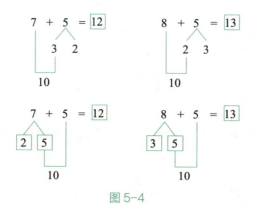

图 5-4

①师：竖着比，7+5、8+5，上下两种拆法有什么不一样？请用学具摆一摆、说一说。

生：一个是拆小数，一个是拆大数。但都是先拆数"凑十"，再 10 加几。

②师：横着比，8、7 为什么同样是加 5，5 分成的 3 和 2 在顺序上却又不一样呢？

生：8 要 2 凑 10，7 要 3 凑 10，也就是拆数时要看与什么数"凑十"，7 和 8 要的数不同。

③师：9 加几、8 加几、7 加几都是怎么用凑十法计算的？

▶▶ 设计意图

　　用"教方法—用方法"的结构化教学理念，先让学生以 9+4 建构的凑十法自主探究 8+5、7+5。再通过直观操作、互动交流，让学生在比较推理中，理解并掌握凑十法计算模型：拆数"凑十"。最后，关联 9 加几、8 加几、7 加几等计算方法，获得凑十法一般方法。从 9+4 到 8+5、7+5，让学生经历了从特例到一般，从具象到抽象的数学方法形成过程。

　3. 应用凑十法。

（1）拓展应用。

①填一填，想一想：用凑十法可以解决哪些 6 加几的算式，试着填一填（见图 5-5）。

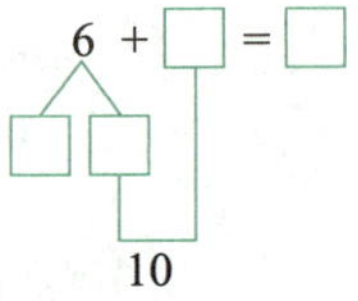

$$6 + \boxed{} = \boxed{}$$

图 5-5

② 说一说：同桌说说可以怎么填，6 要拆成几和几，要依据什么数？

（2）综合应用。

师：编一道能用凑十法解决的算式：（　　　）+（　　　）=（　　　）。

师：和同桌说说你的计算过程。

交流汇报，问题引导。

教师针对性选择展示 5、4、3、2 加几的算式。

师：请归纳凑十法可以解决 20 以内什么算式？

挑战：19+4 可以怎么计算？

▶▶ 设计意图

　　教师让学生将凑十法推广应用到 6 加几，再应用到任意 20 以内进位加法算式。在"操作表征—图形表征—符号表征"的认知过程中，学生用凑十法将操作经验逐渐转化为思维经验。教师引导学生归纳凑十法可以解决什么算式的过程中，帮学生实现知识体系建构，此时学生对"凑十"在进位加法中的价值体会更加深刻，进而可将这个方法延伸、应用到两位数加一位数的进位加法中，发展了学生自身的应用意识和推理能力。

活动二　拓展凑十法

1. 感悟运算律。

（1）自主探究。

① 学习要求：先试一试（见图 5-6），和同桌说说你发现了什么。

$9 + 5 = \boxed{}$ $9 + 4 = \boxed{}$ $8 + 3 = \boxed{}$ $9 + 2 = \boxed{}$

$5 + 9 = \boxed{}$ $4 + 9 = \boxed{}$ $3 + 8 = \boxed{}$ $2 + 9 = \boxed{}$

图 5-6

② 交流汇报，问题引导。

师：计算第一排后，第二排你能不能很快说出得数？为什么？

生：第二排只是数字交换了位置，得数还是和第一排一样。

生：我们发现两个加数交换位置，它们的得数不变。

（2）提升练习。

① 师：你能很快计算出结果，并说说你是怎么想的吗？

　$9+1+7$，$8+5+2$，$4+7+6$，$8+7+3$，$3+9+7$。

② 找一找：和同桌玩"你说我来找"（见图 5-7），找得数是 11 的算式、13 的算式……

```
            8+3    5+8
    7+4                    4+9
            6+9    2+9
    7+8                    6+7
            5+9    6+5
    6+8            4+7    3+8
```

图 5-7

▶▶ 设计意图

　　让学生自主尝试不同思路和方法，并在互动交流"计算第一排后，第二排你能不能很快说出得数"，引导学生聚焦"交换加数的位置"的算法，经历关联转化的过程，感受数学的简洁和优化。在"提升练习"中，让学生自觉应用初步感知的交换运算律，从而深化和提升对凑十法的理解，发展凑整意识和推理能力。

2. 探索计算规律。

（1）自主探究。

圈一圈，填一填（见图 5-8）。

图 5-8

说一说：和同桌说说你发现了什么。

（2）交流汇报，问题引导。

师：通过圈一圈、填一填，你发现了什么？

生：9 加几时，拆数时都是把几分成 1 加一个数，用 9 和 1 凑十；

生：9 加几时，得数都是十几，个位上的数就是加的数减 1；

生：9 加几时，只要算加的这个几减 1，再将"10 加这个减 1 后的数"就可以快速找到得数。

教师出示题目（见图 5-9）：那 8、7、6 加几如何算呢？做一做、想一想。

图 5-9

生：当这些算式得数是十几时，8 加几可先将这个几减 2，7 加几可先将这个几减 3，6 加几可先将这个几减 4，再以 10 加这个减过数的数快速找到得数。

师：加的数中减掉的几要用来做什么？（减掉的几用来凑十）

▶▶ 设计意图

　　首先，借助直观圈一圈的活动，让学生加深对凑十法的理解，巩固 9 加几的练习；其次，通过观察算式，抽象概括出计算 9 加几的一般性方法或规律；最后，将此一般性方法或规律的获得经验推广到发现 8、7、6 加几的规律或性质的探究中。这个活动将"巩固练习"提升为"发现规律的过程"，让"练习整合"变"系统建构知识"，发展了学生观察发现与自主探究的能力。

教师出示题目（见图 5-10）：那 3、4、5 加几如何算呢？做一做、想一想。

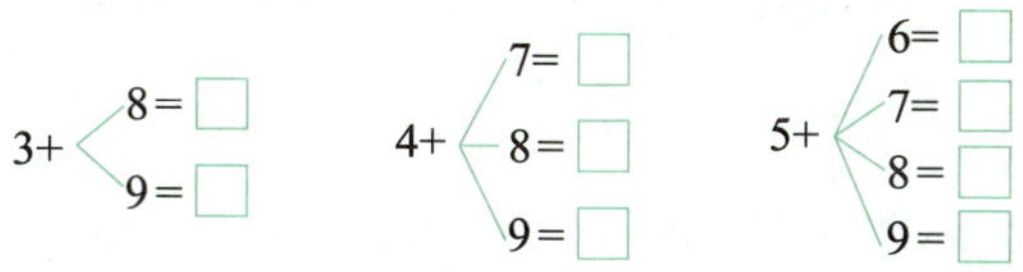

$$3+\begin{cases}8=\boxed{}\\9=\boxed{}\end{cases}\qquad 4+\begin{cases}7=\boxed{}\\8=\boxed{}\\9=\boxed{}\end{cases}\qquad 5+\begin{cases}6=\boxed{}\\7=\boxed{}\\8=\boxed{}\\9=\boxed{}\end{cases}$$

图 5-10

师：3、4、5 加几又如何"凑十"？

生：3 加几想加的数减 7，4 加几想加的数减 6，5 加几想加的数减 5，一样可以用"10 加几"快速找到得数。

师：仔细观察或在计算时，你发现了什么？

生：竖着看，我发现计算了第一个得数后，下面的得数是第一个的依次加 1。

生：我发现一个加数不变，另一个加数变大，得数也随着变大。

生：横着看 3+8、4+7、5+6，我发现一个加数加 1，另一加数减 1，算式得数不变。

师：看来，在计算时，我们也可以通过前后算式进行推算，得出结果。

教师出示主题图（见图 5-11）：想一想、填一填，你能只计算出 4+7，就推算出其他算式结果吗？

$$5+6=\boxed{}$$

$$4+7=\boxed{}\qquad 5+7=\boxed{}\qquad 6+7=\boxed{}$$

$$5+8=\boxed{}$$

图 5-11

师：说说你是怎么根据 4+7 的得数，推出其他算式得数的？

师：根据这些算式，你还可以推算出哪些进位加法算式？

……

▶▶ 设计意图

　　进一步引导学生巩固探索规律的一般过程，学生找寻3、4、5加几的计算规律时，又从上而下、从左而右分别观察、发现"一个加数不变，另一个加数增加1，得数也会增加1"等规律，提升学生的观察能力、推理能力；在推算练习中，学生应用规律，利用一个4+7，轻而易举地将竖看5+6、5+7、5+8和横看4+7、5+7、6+7等算式得数推理出来，提升关联和转化意识。同时，学生通过拓展更多计算的方法，提升计算准确性和熟练性。

活动三　玩转凑十法

1. 飞行棋（两人）游戏。

（1）游戏准备。

引导学生把"20以内进位加法算式题"制成一张飞行棋盘，准备一个骰子。

预设飞行棋盘（见图5-12）如下。

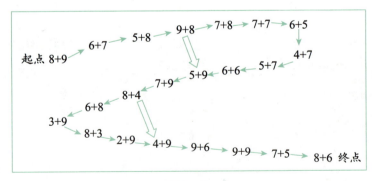

图5-12

（2）游戏规则。

① 双方由石头、剪刀、布决定先后走的顺序。

② 双方按骰子掷出的点数计算步子往前走。

③ 双方走到哪一步就说出当前算式和得数；大箭头表示遇到捷径，只有走

到 9+8、8+4 且计算正确后才可走捷径跳到指定位置。

④ 谁先到达终点谁就赢。

（3）游戏建议。

先给学生时间共同设计"20以内进位加法"棋盘，让学生熟悉飞行棋游戏，再让他们与同伴一起玩。

▶▶ 设计意图

以游戏形式，将知识的学习与巩固融入生活，既巩固和提高学生 20 以内进位加法的熟练程度，又培养学生自创游戏、理解规则、运用规则的能力，实现"在玩中学、在学中玩"的双向奔赴，体现"教—学—评"的一致性。

2.扑克牌（两人）游戏。

（1）游戏准备。

一副扑克牌中两个花色的 1～10。

（2）游戏规则。

① 双方各拿一种花色的 1～10。

② 双方每次各翻一张，算出两数相加的得数，将组成的算式填入合适圈中（见图 5-13）。

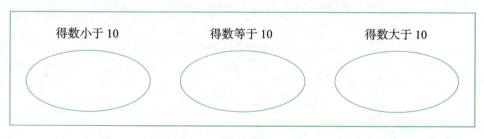

| 得数小于 10 | 得数等于 10 | 得数大于 10 |

图 5-13

（3）观察发现：① 哪个圈中的算式用到了凑十法？② 三个圈中的算式在算法上有什么相同？

（4）补充课后扑克牌游戏。

① 游戏准备：

一副扑克牌中两个花色的 1～10。

② 游戏规则：

双方各拿一种花色的 1～10；

双方每次各翻一张，观察，如果两数的和小于或等于 10，做加法；如果两数的和大于 10，则做减法；

谁先说出答案，纸牌归谁。纸牌翻完，谁得到的多，谁就赢。

游戏建议：可作为亲子游戏，学生常同家长一起玩。

▶▶ 设计意图

　　每个知识都不是独立的存在，而是有内在联系的。让学生通过游戏练习 20 以内进位加法与已学的 10 以内加法、10 加几及 10 的加法，整体巩固 20 以内加法和已学的加减算式，感悟知识的整体性、一致性、延续性。

3. 初识"破十法"。

（1）自主尝试。

学习要求。

① 想一想：如何用凑十法快速找到方格中的答案（见图 5-14）？

$$6 + \boxed{} = 15 \qquad 5 + \boxed{} = 13 \qquad 4 + \boxed{} = 13$$

$$5 + \boxed{} = 11 \qquad 4 + \boxed{} = 12 \qquad 2 + \boxed{} = 11$$

图 5-14

② 说一说：和同桌说说你的想法。

（2）交流汇报，问题引导。

① 师：你是怎么用凑十法快速找到答案的？

生：像 6+（　　）=15，先想到 4 和 6 凑 10，再想 10 加 5 得 15，4 加 5 得 9，

所以 6+9=15。

生：看第一个加数是几，再想"凑十"的数，与得数个位上的数相加。

……

② 师：你能很快填出方格中的数吗（见图 5-15）？

$$9+3=10+\square \qquad 4+7=5+\square$$

$$9+\square=10+6 \qquad 8+4=10+\square$$

图 5-15

③ 师：你会计算 17-8 吗？试一试，和同桌说说你的想法。

▶▶ 设计意图

这个活动是凑十法的应用，是逆向思维的拓展，渗透了方程的思想。学生可以顺向尝试，也可以逆向推导，学生在说理过程中提升了推理能力，初步感知了将凑十法逆向应用的破十法。学生从一个加法算式自主推广到等号两边都是算式的等式，既对凑十法的理解深了，也拓展了对等号含义的理解。

任务二 解决问题

▶▶ 策略

让学生经历"阅读理解""分析解答""回顾反思"的解决问题的三个步骤，让学生用自己的方式表达对数学问题的理解，探究解决问题的方法，体会解题策略的多样性；让学生从多方面进行回顾与反思，促进学生经验内化，逐步掌握用加法解决实际问题的方式，形成积极的数学应用意识。

建议安排 2 课时。

活动一　从不同角度思考的求和问题

1.情境导入主题图。

可带学生观看啦啦队表演视频,一会儿前后两排分开,一会儿按男生、女生分开,然后引入教材 96 页上侧拉拉队图。

2.自主探究。

(1)阅读理解。

师:从图中你知道了什么信息?要解决的问题是什么?

①自主尝试。

自主整理信息:男生有 5 人,女生有(　　　)人;前排有(　　　)人,后排有(　　　)人。

师:你能用小棒或画图的方式让大家看得更明白吗?

②交流汇报,问题引导。

预设学生作品(见图 5-16)。

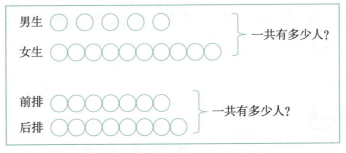

图 5-16

教师提问:你看懂这些图了吗?谁来说说表示什么?

教师再提问:你见过这种图吗?解答这个问题需要哪两个条件?为什么?

生:把男生、女生两部分合起来,把前排、后排两部分合起来。

总结:部分量与部分量合起来就是总量,用加法。

(2)分析解答。

师:怎样用算式表达你的想法?

①学习要求。

写一写:用算式表达你的想法。

说一说：和同桌说说算式中各个数字表示什么，为什么用加法计算。

② 交流汇报，问题引导。

预设学生作品：10+5=15（人）；7+8=15（人）。

师：你能结合图说说你的算式吗？

师：他列的算式中，各个数字表示什么？为什么用加法计算？

师：这两种解答方法有什么不同？又有什么相同？

生：一种是从前后两排看，一种是从男女性别看。要求一共有多少人，都得把两部分加起来。

生：观察的角度不一样，但求的都是一共有多少人，所以都要把两个部分合起来用加法算。

（3）回顾反思。

师：我们是怎样解决这个问题的？

① 学习要求。

想一想：解决这个问题我们做了什么？

说一说：和你的同桌互相说说。

② 交流汇报，问题引导。

师：谁来说说解决这个问题我们做了什么？

生：从不同的角度观察，提取不同的数学信息，并画图表示；结合图示把两部分合起来，用加法计算。

师：你觉得还可以怎样观察？如何列式？

师：解答同一道题，只能有一种方法吗？为什么？

师：今天学的解决问题的方式和以前学的有什么异同？

▶▶ 设计意图

以整体视角设计核心问题，通过"问题链驱动式"教学方法，让学生经历"阅读理解""分析解答""回顾反思"的解决问题的三个步骤，培养学生解决实际问题的能力。其中阅读理解环节以"图形"辅助分析数量关系，引导学生从多角度思考问题，实现对"加法"意义的深度理解。

活动二　解决"求原来"问题

1. 情境导入主题图（出示教材 97 页上侧数篮球图）。

2. 自主探究。

（1）阅读理解。

师：从图中你知道了什么信息？要解决的问题是什么？

① 学习要求。

学生自主整理信息：领走了（　　　）个，剩下（　　　）个。

师：你能用学具把整理的信息用小棒或画图的方式，让大家看得更明白吗？

② 交流汇报，问题引导。

预设学生作品（见图 5-17）。

图 5-17

师：你看懂这张图了吗？谁来结合这张图，完整说说信息和问题？

师：怎样解答"求原来是多少"的问题？为什么？

生：把领走的和剩下的两部分合起来可以解答，"合起来"所以用加法。

（2）分析解答。

师：怎样用算式表达你的想法？

① 学习要求。

写一写：用算式表达你的想法。

说一说：和同桌说说算式中各个数字表示什么，为什么用加法计算。

② 交流汇报，问题引导。

预设学生作品：6+5=11（个）；11-6=5（个）。

师：哪个算式能表达"求原来是多少"的问题？为什么？

师："求原来是多少"与之前的"求两个部分的和"有什么关系？

生：求原来是多少，是求领走的与剩下的这两部分的和，所以应该把两部分合起来，就是两部分相加。

（3）回顾反思。

师：结合昨天和今天我们解决的问题，想想我们是怎样解决这类问题的？

① 学习要求。

想一想：为了弄清楚这类问题，在整理信息时，我们做了什么？有什么好处？

说一说：和你的同桌互相说说。

② 交流汇报，问题引导。

师：谁来说说整理信息时，我们做了什么？

生：用画图或摆一摆的方法表示信息与问题，我明白了每个部分的数量。

师：看看文字题，再看看图，哪种方式更能让我们看明白解题时要把部分合起来？

师：以后遇到看不懂的问题，我们可以怎么办？

师："部分量 + 部分量 = 总量"，求总量一定只能是把两个部分加起来吗？

▶▶ 设计意图

　　本教学侧重两个点，其一是让学生真正经历分析数量关系的探究过程。即用画图的方法，借助直观的数形结合，帮助学生理解题意、分析数量关系，从而找到合理、正确的计算方法。理解求原来有多少个，就是把已用的和剩下的合起来，用加法模型解决。其二是让学生经历加法模型的结构化建构过程。通过一些核心问题，让学生的回顾反思由简单的检验，逐步向结构化概括总结、拓展延伸等更高层次发展。

任务三 整理与复习

▶▶ 策略

　　通过回顾与练习，带学生对20以内进位加法的知识点进行全面整理和复习。在整理知识图和交流展示中，让学生加深对凑十法的理解和掌握，提升运算技能水平，促进运算推理能力的发展；在练习中，要让学生体验、感悟用加法解决实际问题，逐步积累问题解决经验和策略。

建议安排 1 课时。

活动 整理"20 以内进位加法"单元知识

1. 自主整理。

（1）自主尝试。

① 说一说，画一画：在这单元你学会了什么？

② 理一理：利用卡片写出 20 以内所有的进位加法算式，再整理一下。

（2）交流汇报，问题引导。

预设学生作品（见图 5-18、图 5-19）。

图 5-18

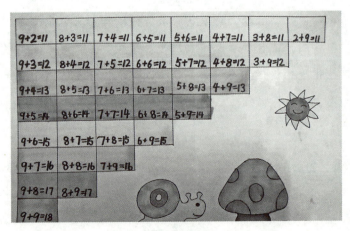

图 5-19

① 师：我们学会了 20 以内的所有进位加法计算，你能说一说是怎么算的吗？

小结：计算这些进位加法时，我们都是先拆数"凑十"，再算 10 加几。

②师：这一单元我们用加法解决了什么问题？

小结：我们知道从不同角度观察思考求和问题，也知道可以用画图或摆一摆等方式理解分析问题，明白求"原来是多少"的问题是要把两个部分合并求和。

③师：一起看看大家整理的，你知道他是怎么整理的吗？

2. 自主发现规律。

（1）自主尝试。

①填一填：下图是如何整理出来的（见图 5-20），再把余下的算式填写完整。

9+1	8+2	7+3	6+4	5+5	4+6	3+7	2+8	1+9
9+2	8+3	7+4	6+5	5+6	4+7	3+8	2+9	
9+3	8+4	7+5	6+6					
9+4	8+5	7+6						
9+5	8+6	7+7						
9+6	8+7	7+8						
9+7	8+8							
9+8	8+9							
9+9								

图 5-20

②说一说：任意指一个算式，请你快速说出得数。

③找一找：计算第一列算式，你发现什么？计算第一行呢？

（2）交流汇报，展示自己的表格，并交流。

▶▶ 设计意图

引导学生对本单元知识进行整理，主要关注两点：一是引导学生关注进位加法中的凑十法，尤其是对算理的理解和知识前后的关联；二是引导学生关注解决问题的策略，突出画图分析对数量关系的呈现和价值，培养学生主动关联的意识和思想，提升对数学规律和一般性结论的抽象概括能力。本部分教学借助整理和关联，帮助学生建立数学的知识结构体系，打通数学学习的通道。在整理 20 以内进位加法算式时，应要求学生自主尝试，在交流中经历从无序到有序的思维发展过程。在有序整理的基础上，引导学生探究算式间的关联和规律，加深对算理的理解和凑十法的应用，形成运算技能。

单元反思

单元整体教学设计要整体分析数学内容本质和学生认知规律，促进学生对数学教学内容的整体理解与把握，逐步培养学生的核心素养，这是新课标的重要理念之一，这进一步强调了结构化教学的重要性。本单元，我们基于结构化视角构建单元整体教学，引导学生经历"凑十法""加法模型"两大核心概念的形成与发展过程，力求做到以下三点。

一是，紧抓核心概念，整合学习内容。

结构化教学要以主题内容的核心概念为线索，统领知识。纵观整个单元，我们发现"9加几""8、7、6加几""5、4、3、2加几"这三个内容有着相同之处：算法相通，都是用凑十法计算；算理相同，都是基于十进制位值制转化成"10加几"进行计算。可见，20以内进位加法实际上最关键的就是掌握凑十法，故要将十进制渗透进去，用算理促进算法。

为此，本单元最核心的是凑十法，这是联系整个单元知识的一个重要节点，是"凑百、凑千……"等"凑整意识"培养的关键，是后续20以内退位减法、100以内加减法、万以内加减法等内容的主要算理之一，以此为核心可体现数运算整体性、一致性（见图5-21）。

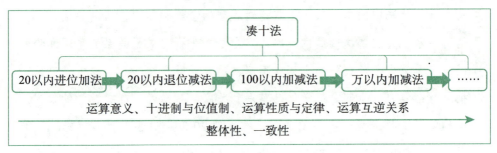

图5-21

　　基于结构化理念，教学设计以凑十法为主要任务，以"探秘凑十法—拓展凑十法—玩转凑十法"为大活动主题，整合学习内容，重点引导学生经历凑十法的发展过程。即以"整体设计"理念，将原来"9 加几，8、7、6 加几以及 5、4、3、2 加几"3 课时学习整合为以"探秘凑十法"为主题活动的 1 课时，将其练习整合为以"拓展凑十法"为主题活动的 1 课时，让学生在"玩转凑十法"课时中熟练应用凑十法，激发数学学习兴趣。这样的处理，也更有利于实现"帮助学生理解算理，在明晰算理的基础上掌握算法，形成必要的运算技能"的目标。

　　另一个核心概念是"加法模型"，两个问题都是"总量与分量"数量关系教学，重点让学生在经历"阅读理解、分析解答、回顾反思"的解决问题的三个步骤基础上，用自己的方式表达对数学问题的理解，自己探究解决问题的方法，体会解题策略的多样性。为此，教师注重探究方法和问题解决方法的关联，教学中通过"'求原来是多少'与之前的'求两个部分的和'有什么关系""结合昨天和今天我们解决的问题，想想我们是怎样解决这类问题的"等类似问题实现体系建构，积累经验，形成问题解决模型意识和应用意识。

　　二是，紧扣认知规律，深化形成过程。

　　一年级学生的认知结构是以具体形象思维为主，在"探秘凑十法"和"解决问题"教学中，为了让学生"知其然亦知其所以然"，做到"理清""法明"，教师特别注重让学生经历"实物操作、表象操作、符号表征"全过程，从而实现深度理解。

　　如在探究 9+4 的计算过程时，先引导学生做实物操作，摆小棒初步感知凑十法，将摆小棒的过程用"画一画""圈一圈"的方式体现出来，这是第一次抽象——从动手操作到图形表征；第二次抽象则是将图形表征转化为数学符号，用符号进行表征。在计算器上拨一拨，意在渗透"位值制"，联结"十进关系"，让学生深化对凑十法的理解，在计数单位的累加中体会计数单位的价值，感悟数与运算的一致性。学生在这个过程中，充分体会了"图形表征—语言表达—

符号表达"互相转化的关系，这有利于学生把对数的运算实现由感性认识到理性认识、从具体到抽象的进阶发展。

三是，设计"问题串"搭架，实现深度学习。

教师围绕这两个核心概念，按照一定结构精心设计每节课的"问题串"：先用大问题厘清基本脉络和思路，构建基本框架；再从大问题中分解出子问题，引领学生深度思考，探明问题本质。

如"探秘凑十法"一课中，整个过程用众多"问题"建构"问题串"，帮助学生开展探究活动，搭建知识框架，引导学生通过问题体验"凑十"的简便性，感受"凑十"的思维过程，内化"凑十"的方法。值得一提的是，这一教学中改变了"看大数拆小数"的侧重，淡化了"拆小数，凑大数""拆大数，凑小数"两种不同方法的选择，强调了凑十法的本质取向，尊重了学生自主选择。教学中从探索计算方法到方法的迁移，从认识算法到理解算理，再到算理与算法结合运用，层层推进，环环相扣，使学生准确理解了凑十法这一核心概念。精心设计的"问题串"形成了结构化的问题驱动任务，让学习内容的结构化和关联性更加突出，学生在问题的驱动下走向深度学习，发展理性思维。

综上所述，20以内进位加法这一单元设计在内容整合、方法选择、活动策划等方面均体现科学合理性，能够有效提升学生核心素养和综合能力。在实际教学中，教师更应该根据学生的实际情况，灵活调整教学策略，做到因材施教，确保教学效果最优。

六、资源辅助

1. 书刊推荐。

王永春：《小学数学与数学思想方法》，上海，华东师范大学出版社，2022。

王永春：《小学数学核心素养测评指南》，北京，首都师范大学出版社，2023。

曹培英：《跨越断层，走出误区："数学课程标准"核心词的解读与实践研究》，上海，上海教育出版社，2017。

吴亚萍：《数学教学改革指导纲要》，福州，福建教育出版社，2017。

袁晓萍等：《"数与代数"教学优解：小学数学大单元教学设计》，武汉，长江文艺出版社，2023。

曹培英、顾文：《跨越断层，走出误区.小学数学深度学习教学研究》，上海，上海教育出版社，2022。

俞正强：《种子课 2.0：如何教对数学课》，北京，教育科学出版社，2020。

曹培英、张晓芸：《跨越断层，走出误区：小学数学问题解决教学研究》，上海，上海教育出版社，2021。

2. 单元作业。

第五单元 "20 以内进位加法"单元作业

（1）圈一圈，算一算（见图 5-22）。

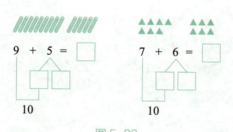

图 5-22

▶▶ 设计意图

图与算式相结合，通过圈一圈及填写计算过程的方式，使学生充分理解凑十法的算理，并会用凑十法进行正确计算。

（2）算一算，填一填（见图5-23）。

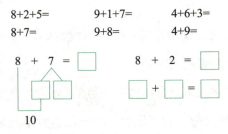

8+2+5=　　　　9+1+7=　　　　4+6+3=

8+7=　　　　　9+8=　　　　　4+9=

图 5-23

▶▶ 设计意图

　　脱离图或者小棒等学具，对比上下两道算式，进一步帮助学生理解凑十法的计算过程，让学生能灵活运用凑十法进行正确计算。

（3）解决问题。

①想一想，做一做（见图5-24）。

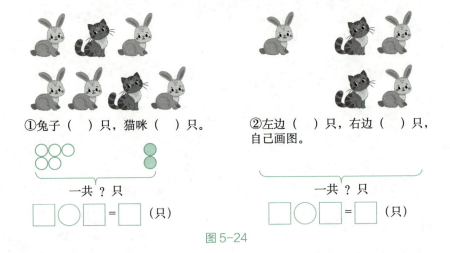

①兔子（　）只，猫咪（　）只。

②左边（　）只，右边（　）只，自己画图。

一共 ? 只　　　　　　　　　一共 ? 只

图 5-24

▶▶ 设计意图

　　在具体情境中，学生从不同角度寻找解决问题需要的条件，提高解决问题的能力，从而运用不同的方法解决同一个数学问题。

② 想一想，做一做（见图 5-25）。

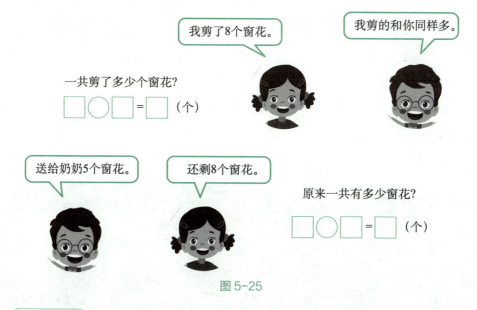

图 5-25

　　让学生在具体情境中理解题意和分析问题，以对比方式，再次明确两种加法模型"求两数和""求原来"的解题方法，培养学生分析问题或审题的能力及应用意识。

（4）想一想，可以怎么填（见图 5-26）？

图 5-26

　　让学生会用多种不同的方法填出方格内的数，其中右侧题既培养学生凑十法的应用，也培养学生逆向思考的能力，为后面学习退位减法做了铺垫。

3. 学习评价表（见表 5-5）。

同学们，本单元"20 以内的进位加法"的学习结束了！给自己的表现涂上小红花吧！

表 5-5 "20 以内进位加法"学习评价

任务	具体内容	我的小红花
理一理	我来出一道"20 以内的进位加法"算式，用喜欢的方式表示凑十法的过程！	✿ ✿ ✿
试一试	直接写得数。 9+4=　　7+9=　　8+5=　　6+7= 8+6=　　5+7=　　9+8=　　2+9= 5+6=　　8+7=　　4+9=　　8+8= 8+9=　　9+3=　　7+7=　　6+9= 我在 1 分钟内算对了（　　）题。	✿ ✿ ✿
	算一算，填一填（见图 a）。 8+2+4=　　7+3+5=　　4+6+2= 8+6=　　7+8=　　4+8= 8 + 6 = □　　8 + 2 = □ 　　　△ 　□ □　　□ + □ = □ 　10 图 a	✿ ✿ ✿

续表

任务	具体内容	我的小红花
	解决问题（见图 b）。 走了7只 池塘中原来一共有多少只鸭子？ □ + □ = □（只） 还剩下5只 图 b	🌸🌸🌸
	画一画，填一填（见图 c）。 9 + □ =16 16 图 c	🌸🌸🌸
记 一 记	我喜欢本单元的学习。	🌸🌸🌸
	我喜欢发现并提出生活中与加法有关的数学问题。	🌸🌸🌸
	我能尝试独立解决与加法有关的实际问题。	🌸🌸🌸
	我敢于交流或展示自己的想法。	🌸🌸🌸
	我能认真完成学习任务。	🌸🌸🌸
	我善于倾听别人的发言。	🌸🌸🌸
	我敢于发现问题并纠正错误。	🌸🌸🌸
数一数，我一共获得（　　）朵小红花。		

第六单元
复习与关联 *
///////////////////////

一、内容概述 ///////////////////

　　本单元有三部分内容：一是初步回顾、交流本学期所学的知识，初步形成知识结构（见图6-1）；二是在交流的基础上引导学生分模块梳理、关联所学内容，教师在学生自主整理的基础上进行补充完善、抽象概括、提炼总结，形成系统的知识结构，帮助学生逐步建立比较完善的数学认知结构；三是通过综合运用所学知识解决问题，得到思想方法的提升，提高学生的数学核心素养。

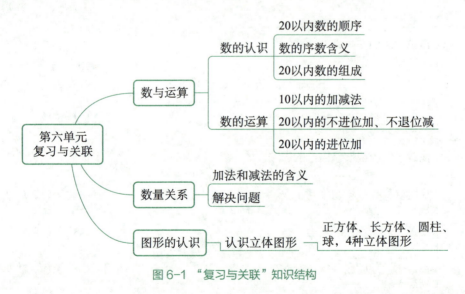

图6-1 "复习与关联"知识结构

　　新课标指出：核心素养具有整体性、一致性和阶段性。故教师应该整体把握教学内容，通过合适的主题整合教学内容，帮助学生学会用整体、联系

---

* 编写者：曾娟，湖南省株洲市荷塘小学。

和发展的眼光看待问题，养成科学的思维习惯，发展核心素养。教师要全面准确地理解整体性思维的内涵和逻辑关系，让学生在复习课中感受到数学内容本身的整体性，意识到数学是一个统一体，许多内容之间存在着密切的关系。本单元的内容最关键的就是体会数的认识的一致性，数的运算的一致性，数的概念与运算的一致性，要让学生整体把握和理解数学知识与方法，培养整理能力和关联意识，初步形成数感、符号意识、运算能力、推理意识等素养。

二、教学问题

这是学生第一次对全册所学知识进行复习，他们对复习的基本方法不了解，教师要引导学生通过回忆、查阅、分类梳理等方式主动地整理知识，建立知识间的关联；尝试用举例、画知识结构图或思维导图等方式，建立数学认知结构，进行个性化表达。在学生整理知识的基础上，教师通过结构化的问题启发学生进一步关联所学知识，使知识系统化、结构化。教师要引导学生对复习的方法进行回顾和总结，初步了解复习与关联的方法。根据一年级学生的年龄特点，教师在组织复习时，要设计一些生动活泼、形式多样、有挑战性的练习题，调动学生学习的积极性；还要考虑学生的学习差异，安排不同层次的练习，让所有学生通过复习都有所提高。

三、学习目标

1. 通过复习与关联，使学生进一步理解本学期所学的 20 以内的数、计算、立体图形等知识，尤其是数的相关概念和关系，以进一步发展数感和进一步提高学生的计算能力、空间观念和推理能力，帮学生初步建立加法模型和减法模型，能运用所学的数学知识解决简单的实际问题。

2. 在学生自主回顾、梳理、关联所学内容的基础上，教师进行抽象概括、提炼总结，形成系统的知识结构，帮助学生逐步建立比较完善的数学认知结构。

3.让学生初步了解复习与关联的方法，积累复习与关联的基本经验，初步感受复习与关联的价值。

基于课程内容、学情问题、"教—学—评"一致性的思考，我们从核心素养、核心概念、掌握技能三个层面，对本单元进行整体的目标设定（见表6-1）。

表6-1 "复习与关联"学习目标

核心素养	数感、运算能力、推理意识、空间观念、模型意识、应用意识。
核心概念	计数单位、十进制、位值制、相加、相等、加法模型、图形的抽象、图形的分类。
掌握技能	知：理解数的概念及概念之间的关系，掌握20以内数的顺序、大小、读写法、数的组成；理解算理与算法之间的关系，熟练掌握20以内的加减；直观正确辨认4种立体图形。
	能：能用加法模型和减法模型解决实际问题，能利用立体图形的特征合理进行拼搭。

四、内容设计

第六单元以"数与运算""数量关系""图形的认识"为主题，将数感、运算能力、应用意识、空间观念等核心素养的发展要求，整合在"数的认识、数的运算、数量关系、图形的认识"四大学习任务之中。每个大任务都是以自主整理—提炼总结—应用提升的课堂结构开展教学，在忆一忆、查一查、理一理、分一分、联一联、练一练等学习活动中，让学生熟练掌握知识，整体建构知识体系和复习体系，促进思维和能力的发展。

"教—学—评"一致性是新课标背景下落实立德树人根本任务、实现学生核心素养发展的重要方式。因此，围绕数学课程的核心素养，结合本单元学习内容，设计了教学过程表（见表6-2）和教学效果测评表（见表6-3）。

表6-2 "复习与关联"教学过程

学习内容	课时	完成的任务	教学运行方式	效果测评要点
数的认识	1	自主整理 提炼总结 应用提升	引导学生: ① 忆一忆,查一查,理一理:回顾并自主整理"数的认识"相关知识。 ② 说一说,评一评,联一联:感悟"数的认识"的一致性。 ③ 练一练:用同一素材把数的认识这一领域的内容串联起来,有针对性地进行练习,巩固所学知识。	① 掌握数数、数的顺序、写数、读数、序数、比较大小、数的组成。 ② 理解计数单位、数位、个位、十位、两位数的概念和关系。 ③ 会多角度地观察,发现规律,表达规律。
数的计算	1	自主整理 提炼总结 应用提升	引导学生: ① 填一填,看一看:观察表格,发现规律,填写算式。 ② 分一分,理一理:提炼计算方法,感悟数的概念与运算的一致性。 ③ 练一练:通过数学游戏、综合练习巩固计算方法,提升计算能力。	① 用 10 以内数的分与合、凑十法、数的组成,正确计算 20 以内的加减。 ② 理解凑十法的算理。 ③ 会多角度地观察,发现规律,表达规律,形成有序思考的习惯和方法。
数量关系	1	自主整理 提炼总结 应用提升	引导学生: ① 忆一忆,查一查,编一编:回顾解决问题的相关知识,编用加减法解决问题的故事。 ② 联一联:进一步理解加法和减法的含义及关系,正确建立加法模型和减法模型。 ③ 练一练:再次经历解决问题的全过程,发展"四能"。进行有开放性、综合性的变式练习,培养思维的发散性和灵活性。	① 知道解决问题的三个步骤。 ② 会用数数、画图、数量关系等方法分析问题,正确列式解答,有检验的意识。 ③ 理解加减法模型,能够面对各种情境抽象出加法和减法模型。

续表

学习内容	课时	完成的任务	教学运行方式	效果测评要点
图形的认识	1	自主整理	引导学生： ① 忆一忆，搭一搭，说一说：自主整理"立体图形"相关知识。 ② 说一说，分一分，理一理：进一步感悟立体图形的特征，形成直观感知。 ③ 想一想，搭一搭，验一验：加强对图形特征及图形关系的感知，积累活动经验，发展空间观念。	① 正确辨认 4 种立体图形，形成图形的表象。 ② 认识立体图形的特征，对图形特征形成直观感受。 ③ 掌握图形分类与统计的方法。
		提炼总结		
		应用提升		

表6-3　"复习与关联"教学效果测评

维度	评价内容	评价等级	评价说明
数感	理解数的意义	☆☆☆☆☆	能用数表示物体的个数或事物的顺序，得 1 颗星。
			知道个位和十位的顺序及不同数位上的数字具有不同的意义，得 2 颗星。
			能说出一个数的组成并读数，得 2 颗星。
符号意识	认识并会用数学符号进行表达	☆☆☆☆☆	认识符号 0～9 这 10 个数字，知道自然数 10～20 的表达没有再用新的数字，如 10 是用数字 1 和 0 来表示的，得 2 颗星。
			认识符号 "＝""＜""＞"，会使用这些符号表示数的大小，得 1 颗星。
			认识符号 "＋""－"，知道 "＋" 是 "合起来"，的抽象表达 "－" 是 "减去" 的抽象表达，得 2 颗星。
运算能力	正确计算	☆☆☆☆☆	能借助数的含义理解 "10 加几""凑十法" 的算理，知道算法，得 2 颗星。
			比较熟练地计算一位数加法和 10 以内的减法，得 2 颗星。
			具备简单数字的心算能力，得 1 颗星。

续表

维度	评价内容	评价等级	评价说明
空间观念	对空间与图形的整体感知	☆☆☆☆☆	能辨认4种基本的立体图形，根据实际物体的轮廓形状抽象出对应的立体图形，得2颗星。
			认识这些立体图形的特征，对图形的特征形成直观的感受，得2颗星。
			能够在头脑中操作、分解与组合简单图形的表象，生成新的表象，得1颗星。
推理意识	自觉地进行推测	☆☆☆☆☆	关注数的概念、运算、与关系的形成过程，了解其中的前因后果，得2颗星。
			能够依据一定的规则对数量、图形进行分类，知道部分与整体的关系，得2颗星。
			能够理解别人的思考过程，提出自己的疑问或评价，得1颗星。
模型意识	感悟模型与数学应用的关系	☆☆☆☆☆	理解加法模型和减法模型，得2颗星。
			能够运用加法模型和减法模型解决实际问题，得2颗星。
			能够在不同情境中抽象出加法模型和减法模型，得1颗星。
应用意识	解决问题	☆☆☆☆☆	能在简单的问题情景中发现和提出有意义的数学问题，得2颗星。
			能用合适的方法解决问题，得2颗星。
			能准确表达自己解决问题的过程，得1颗星

五、教学实施

任务一 数的认识

策略

以"自主整理—提炼总结—应用提升"的课堂结构展开教学。首先，让学生通过忆一忆、查一查、画一画等复习活动，回顾并初步内化"数的认识"相关知识。课堂上通过说一说、评一评、理一理等整理活动将散的知识结构化。其次，利用"10"的丰富内涵，通过比一比、说一说、拨一拨等活动将数的相关概念，即计数单位、数位、个位、十位及两位数进行关联，让学生认识计数单位，了解十进制和位值制，体会数认识的一致性，为以后学习100以内数的认识形成思路。最后，通过"走迷宫"的专题练习，帮学生巩固数的顺序、组成、读数、写数等知识。

建议安排1课时。

活动一　自主整理

师：这个学期，我们认识了很多数，先认识了0～5，再认识了6～10，然后认识了11～20。

1. 忆一忆：我们都是从哪些方面来认识这些数的?

2. 查一查：查阅书本14～23页、36～43页、74～78页。

3. 画一画：用自己喜欢的方式画一画"数的认识"知识图。

预设作品（见图6-2）。

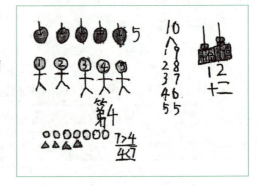

图6-2

活动二　提炼总结

1. 说一说，评一评，理一理。

问题引导：认真倾听同学的汇报，边听边想他是从哪些方面进行整理的，你还有补充吗?

生：他是从数数、第几、比大小、数的分与合、读数和写数等方面来整理的。

生：我来补充，我们还学了数的组成，12是由1个十和2个一组成的，12是个两位数。

教师根据学生的汇报概括提炼，形成如下板书（见图 6-3）。

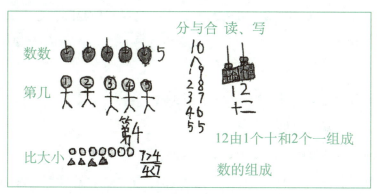

图 6-3

2. 比一比，说一说，拨一拨。

关键问题：你能用不同的方式表示 10 这个数吗？（提供小棒、计数器等学具）

活动要求如下。

（1）试一试。可以用画一画、拨一拨、写一写等方式来表达。

（2）说一说。同桌互相交流想到的方式。

预设作品（见图 6-4）。

图 6-4

问题引导如下。

（1）师：10 根小棒和 1 捆小棒，这两种表示方式有什么不同？

生：一个是 1 根 1 根的，一个是把 10 根捆成 1 捆。

师：1 根小棒对应的计数单位是？1 捆对应的计数单位是？它们之间有什么联系？

生：1 根小棒对应的计数单位是一，1 捆对应的计数单位是十，10 个一是 1 个十。

师：你更喜欢哪种表达方式？为什么？

生：喜欢用 1 捆表示，因为 1 根 1 根的数起来很麻烦，1 捆数起来很方便。

（2）你是怎么在计数器上拨珠表示 10 的？边拨边数给同学看一看。

生：计数器右边起第一位是个位，第二位是十位，十位上拨 1 颗珠子表示 1 个十。

生：先在个位拨 1 颗、2 颗，一直到 9 颗，再添 1 颗就是 10 颗，个位满 10 颗就向十位进 1 颗，就是十。

玩一玩"你说我拨"活动（同桌两人为一组）。

活动要求：一人任意说一个 20 以内的数，另一人在计数器上拨出这个数，并说出这个数的组成。

（3）师：借助数线，观察数线上 10 左边和右边的数，你发现了什么？

生：左边的数都比 10 小，是一位数。

生：右边的数都比 10 大，都是两位数。

生：10～20 都是用 0～9 中的两个数字组合起来表示，比如 12 是由数字 1 和 2 来表示。

教师提炼：9 是最大的一位数，10 是最小的两位数。有了数位，从 10 开始，后面的数都是用 0～9 这 10 个数字宝宝来表示，真神奇。

板书提炼（见图 6-5）。

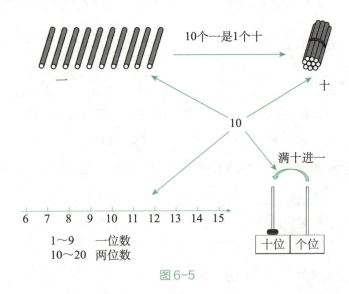

图 6-5

▶▶ 设计意图

　　"计数单位""十进制""位值制"是数的认识的核心概念。教师首先通过对比 10 根散的小棒和 1 捆小棒两种不同表示方式，让学生借助几何直观进一步感悟计数单位一和十，了解两种计数单位的联系，对比两种表示方式的优劣，体会用大的计数单位计数的优越性和必要性。通过让学生在计数器上拨珠，直观演示"满十进一"，进一步渗透十进制、位值制计数思想。设计玩一玩"你说我拨"活动，让学生巩固数的组成知识；结合数线的丰富内涵，让学生直观地理解数之间的相对大小和距离关系，渗透数与点的一一对应关系和数形结合的思想。

活动三　应用提升

　　1. 仔细观察，补全图中表格（出示教材 106 页上部数字表）。

　　2. 根据表格回答问题（出示教材 106 页的问题〔1〕～〔5〕）。

　　（1）师：14 前面一个数是几？ 14 后面一个数是几？

　　（2）师：第 9 行，从左边数第 7 个数是什么？它是由几个十和几个一组成的？

　　（3）师：将表格的 11 涂成红色，你发现了什么？把 11 在计数器上画出来。

　　教师提问关键问题：这两个 1 表示的意思一样吗？

　　生：十位上的 1 表示 1 个十，个位上的 1 表示 1 个一。

　　（4）师：按 1～19 的顺序从入口走到出口，你能想到几种不同的走法（用上、下、左、右描述走的路线，引导学生得出有多种走法）？

　　生 1：从 1 先向右一直走到 10，再向下一直走到 19。

　　生 2：从 1 先向下一直走到 10，再向右一直走到 19。

　　生 3：先从 1 向右走到 2，再向下一直走到 11，然后向右走到 19。

　　（5）师：说一说表格的数是怎么排列的。

　　引导学生得出：每一行或列的数依次增加 1；相同序数的横行和竖行的数

完全相同，如第一横行和第一竖行的数相同；从右上角向左下角看，每一斜行的数都相同。

（6）师：同桌两人玩一玩"你问我答"的游戏，比一比谁更厉害。

▶▶ 设计意图

　　用同一素材把数的认识这一领域的所学内容串联起来，既让学生针对数的顺序、数的含义、数的组成、位值制等方面进行了练习，又让学生获得对"数的认识"教学内容的整体感悟，在活动中进一步发展数感。让学生沿不同的路走一走，感受从入口到出口"走法"的多样性，可培养学生思维的发散性和灵活性，用方位词描述路线，也可巩固位置相关知识；让学生说一说排列方式，从而充分经历发现规律、归纳规律、表达规律的过程，培养学生的观察能力和语言表达能力；最后，以游戏的形式培养学生自主提出问题的能力，让学生在动脑、动口中深化对数的认识的理解。

任务二 数的计算

▶▶ 策略

　　教师以"自主整理—提炼总结—应用提升"的课堂结构展开教学。让学生在填一填、看一看的活动中初步感知 20 以内加法算式的结构；让学生在说一说、涂一涂等活动中进一步感知算式表中蕴含的丰富的规律；让学生在分一分、理一理等活动中体会数的概念与运算的一致性，从而更好地理解算理并掌握算法；让学生在趣味性强的"数学游戏"练习中提升运算能力。

　　建议安排 1 课时。

活动一　自主整理

1. 填一填，看一看。

（1）师：仔细观察，在空格里填上合适的算式（出示教材 107 页上部数字表）。

（2）师：你从中发现了哪些有趣的排列？

▶▶ 设计意图

让学生课前自主整理 20 以内加法算式表格，让他们有充分时间体验加法表的构建过程，体会 20 以内加法算式的结构，从而渗透对应思想。鼓励学生从多角度观察加法表，初步感受表格中的排列规律。

活动二　提炼总结

1. 说一说，涂一涂。

（1）师：为什么这样填表？你是怎么想的？

生：我是看这个格子的最上边和最左边对应哪两个数，就把这两个数加起来填上。

评价：同学们能善于观察，发现规律，根据规律又对又好地填写出算式，真了不起！

（2）师：你从表中发现了哪些有趣的排列？

生：横着观察，每一行的算式中都有一个加数相同，另一个加数依次加 1。

生：竖着观察，每一列的算式中都有一个加数相同，另一个加数依次加 1。

（3）师：将得数是 10 的算式涂上红色后，你还发现了什么？

生：9+1 和 1+9 这两个算式中的数字是一样的，加数交换了位置，得数都是 10。

生：得数是 10 的斜列的左边的算式的得数比 10 小，右边的算式的得数比 10 大。

▶▶ 设计意图

学生课前已经经历了加法表的形成，教师通过涂一涂、说一说等数学活动，先引导学生主动并多角度发现横行、竖列、斜列中蕴含的规律，再归纳规律、表达规律，体会加法表中排列规律的丰富性和多样性，培养了学生的观察能力和语言表达能力。

2. 分一分。

师：这么多算式，你能将它们分分类吗？

活动要求：先自己想一想，再和同桌说一说。

预设作品如下。

（1）分成两类：进位加法和不进位加法。

（2）分成三类：得数小于 10、得数等于 10、得数大于 10。

评价：大家根据不同的标准来分类，都有道理。

3. 理一理。

（1）在 10 以内的加法算式区域中任意指 3 道算式，如 6+1、5+4、4+3。

提问：快速说得数，并说一说你是怎么想的？对比计算这几道题的方法，它们有什么相同点？

预设：想数的分与合。

提炼：分与合。

（2）在 10 加几的加法算式区域中任意指几道算式，如 10+5、10+7。

提问：快速说得数，并借助计数器拨一拨，说一说你是怎么想的。

生：10+5 就是 1 个十和 5 个一，合起来就是 15。

对比：计算这几道题的方法有什么相同点？

提炼：用 10 加几想数的组成。

（3）在进位加法算式区域中任意指几道算式，如 8+6、7+5。

提问：快速说得数，并说一说你是怎么想的。

生：将 6 分成 2 和 4，8+2=10，10+4=14。

对比：计算这几道题的方法有什么相同点？

生：都是先"凑十"，再算 10 加几。

提炼：进位加（凑十法）。

追问：用凑十法计算进位加和"10 加几"有什么联系吗？

生：通过凑十法把进位加变成了"10 加几"。

评价：是啊，数学知识之间的联系就是这么奇妙。

（4）加减法之间的联系。

师：看到 10+6=16，你能想到哪些加法算式和减法算式呢？

预设：6+10=16，16-10=6，16-6=10。

启发：用 6、10、16 能组两个加法算式和两个减法算式，你还能举出这样
的例子吗？填写在下图中（见图 6-6）。

$$\boxed{} + \boxed{} = \boxed{} \qquad \boxed{} + \boxed{} = \boxed{}$$

$$\boxed{} - \boxed{} = \boxed{} \qquad \boxed{} - \boxed{} = \boxed{}$$

图 6-6

学生汇报交流。

形成如下板书（见图 6-7）。

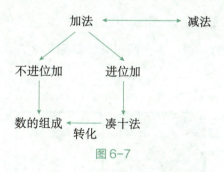

图 6-7

▶▶ 设计意图

整数加法的教学过程是从"不进位加"到"进位加"。首先，教师

通过"分类"将算式分为"不进位加"和"进位加",为学生后面理解加法内容的学习结构奠定了基础。其次,教师将所有算式分为"10以内的加法、10加几、进位加"来提炼算法,将10以内的加法和数的分与合对应,10加几和数的组成对应,进位加和凑十法对应,让学生体会数的概念和运算的一致性。再将进位加和10加几进行关联,体会数的运算的一致性,使学生更好地理解算理,掌握算法,提升数感。最后,教师通过"举例",带学生回顾加减法之间的关系。

活动三　应用提升

1. 数学游戏。

准备一些数字为1~10的扑克牌。

游戏规则:两人一组,各抽出一张牌。

先算出两数的和,再算出用大数减去小数的差。

例如,抽到7和9,则算7+9=16,9-7=2。

谁先说出答案,扑克牌归谁。游戏结束,看谁手中的扑克牌多。

游戏活动可以分为3个层次。

(1)理解规则,教师和学生试玩一局。

(2)运用规则,同桌两人一组玩10局。

(3)拓展应用,猜一猜:下面两张牌计算后得8(见图6-8),左边的纸牌可能会是几?

图6-8

预设：6+2=8。

▶▶ 设计意图

通过设计具有趣味性、开放性、层次性的数学游戏活动，将20以内数的运算相关知识巧妙融入。游戏活动分为理解规则、运用规则、拓展应用三个层次，由易到难，活动可以一是培养学生理解规则、运用规则的能力；二是让学生在运用规则进行游戏活动中，进一步理解规则和提高运算能力；三是通过一个逆推问题，驱动学生思考如果是相加得8，就要用减法计算8−2=6；如果是相减得8，就要用加法计算2+8=10，帮助学生体会加减法之间的互逆关系。

任务三 数量关系

▶▶ 策略

以"自主整理—提炼总结—应用提升"的课堂结构展开教学。首先，让学生通过忆一忆、查一查、编一编等复习活动，回顾并初步内化"加减法的含义"。其次，课堂上通过说一说、评一评、理一理等教学活动将碎片化的知识结构化，让学生进一步理解加减法的含义和加减法之间的关系，建立加法模型和减法模型，形成一个比较完整的结构。最后，在丰富的、真实的问题情境中，让学生应用数量关系去解决实际问题，培养学生的"四能"。

建议安排1课时。

活动一　自主整理

1.忆一忆：你会用加减法解决哪些问题？

2.查一查：回顾相关知识。

3. 编一编：用一个加法算式和一个减法算式编两个数学故事（可以画一画、写一写）。

作品预设（见图 6-9）。

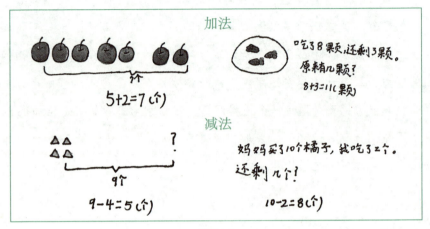

图 6-9

活动二　提炼总结

1. 说一说，评一评。

请 2～3 名学生展示自己编的数学故事。

2. 理一理。

（1）加法。

对比：这两个数学故事有什么相同点（见图 6-10）？

图 6-10

生：都是用加法计算。

启发：一个是求一共有几个，一个是求原来有几个。问题明明不同，为什么都是用加法计算？

生：因为都是合起来。

引导：第一个故事是把什么合起来？第二个故事是把什么合起来？借助手势边比画边说。

生：第一个故事是把左边的苹果和右边的苹果合起来，就是一共的；第二个故事是把吃掉的和剩下的合起来，就是原来的。

小结：把两部分合起来就用加法。

（2）减法。

对比：这两个数学故事有什么相同点（见图6-11）？

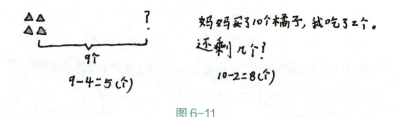

图6-11

生：都是用减法计算。

启发：一个是求右边有几个，一个是求还剩下几个。为什么都是用减法计算？

生：因为都是从总数里面去掉一部分。

借助手势理解：从总数里面去掉一部分求另一部分，用减法计算。

（3）师：加法和减法有什么联系？

生：刚好相反。

形成如下板书（见图6-12）。

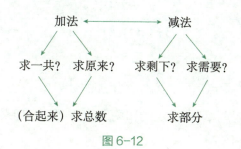

图6-12

▶▶ 设计意图

　　先借助学生举的丰富多样的加减法例子，通过对比、启发、关联等教学活动，让学生从实际问题中理解加法的含义（合起来），抽象出加法模型：部分量＋部分量＝总量。再通过手势比画让学生内化加法模型。在此基础上，带学生通过类比的方法来学习和理解减法的意义及其与加法的关系，帮助学生形成一个比较完整的认知结构。

活动三　应用提升

　　1. 出示情境图（见教材 107 页"应用提升"第 3 问的图）。

　　（1）提问：仔细观察情境图，你知道了什么？要解决什么问题？

　　（2）出示学习要求，学生独立解答。

　　试一试：用你喜欢的方法解答。

　　验一验：检验你的解答是否正确。

　　说一说：组内交流想法。

　　（3）交流解题方法，交流顺序按照直观到抽象。

　　① 借助情景图数的。

　　② 画图分析的（见图 6-13）。

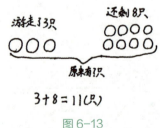

图 6-13

　　③ 列式解答的。重点追问，为什么用加法计算？

　　生：求原来有几只，要把游走的和剩下的两部分合起来，所以用加法。

　　（4）交流检验方法。

（5）回顾反思：解决问题时需要注意什么？

（6）提问：你能从图中提出其他数学问题并解答吗？

引导学生从不同角度观察并提出问题，最后自己解答。

①左边有 3 只鸭子，右边有 8 只鸭子，一共有几只鸭子？

②一共有 11 只鸭子，游走了 3 只鸭子，还剩几只鸭子？

2. 出示情境图（见教材 110 页"练一练"第 11 问的图）。

（1）师：商店里面有包装不同的小印章，仔细观察，你知道了什么？

引导学生读懂图中的数学信息，指导学生先用数记录下每一盒的小印章。

（2）出示问题：小红想从这 3 盒小印章中买 2 盒，她可能买了多少个小印章？

（3）学生独立解答。

学习要求：用连一连的方法表示你的想法。

（4）全班交流。

▶▶ 设计意图

　　图 6-15 是一个典型的数学问题情景，图的内容比较丰富。故首先让学生经历"阅读理解—分析解答—回顾反思"的解决问题的三个步骤，进一步掌握解决问题的方法。然后引导学生观察图片，自主提出并解答问题，培养学生的"四能"。印章题是一个开放题，引导学生用连一连的方式直观表示自己的选择，渗透初步的组合知识。

任务四 图形的认识

▶▶ 策略

　　教师以"自主整理—提炼总结—应用提升"的课堂结构展开教学，先让学生通过忆一忆、搭一搭、说一说等复习活动，回顾"立体图形"

的相关知识。再通过说一说、分一分、理一理等教学活动，将知识进行关联，让学生进一步认识立体图形的特征，对图形特征形成直观感受。最后通过拼搭的综合练习，让学生在想象、操作、辨析中加强对图形特征及图形关系（长方体、正方体、长方体与正方体之间的关系）的感知，为今后进一步学习几何图形积累活动经验，同时发展学生的空间观念。

建议安排 1 课时。

活动一　自主整理

1. 忆一忆：我们认识了哪些立体图形？

2. 搭一搭：用一些学过的立体图形搭一个你喜欢的图案，拍下来。

3. 说一说：在搭的过程中你有什么发现？

活动二　提炼总结

1. 说一说。

（1）引导：老师把这个学期学习的立体图形"请"到了黑板上，谁来说一说它们分别叫什么名字？

（2）交流：同学们用自己的聪明才智创造出了很多精美的图案（见图 6-14），说一说，你的图案中用了哪些立体图形，你在拼搭的过程中有什么发现？

图 6-14

预设：长方体的每个面都是平平的，圆柱上下两个面是平平的，球容易滚动……

评价：大家都很善于发现，每一种立体图形都有自己的特点。

2. 分一分，理一理。

提问：如果要把长方体、正方体、圆柱、球分一分类，你会怎么分？为什么这么分？先想一想，再在桌上分出来。

生1：长方体和正方体为一类，都有6个面，每个面都是平平的，不可以滚动；另一类是球和圆柱，可以滚动。

生2：长方体、正方体和圆柱为一类，都有平的面；另一类是球，没有平平的面。

生3：可以分为三类，长方体和正方体一类，都有6个面，每个面都是平平的，只能推动；圆柱为一类，既可以推也可以滚；球为一类，只能滚。

师：大家的分类都有道理。

追问：长方体和正方体的相同点是都有6个面，每个面都是平平的。那它们的不同点是什么？

生：长方体的面有大有小，正方体的每个面一样大。

形成如下板书（见表6-4）。

表6-4　第六单元板书

图形	名称	特征	
	长方体	面有大有小。	6个面，每个面都是平的，可以推动。
	正方体	每个面都一样大。	
	圆柱	可以推动，可以滚动。	
	球	容易滚动。	

▶▶ 设计意图

在搭一搭的操作活动中，学生可直观感受每一种立体图形的特征；在分一分的活动中，学生主动对比、将图形进行关联，加强对图形特征的感知；在寻找长方体和正方体的不同点中，学生可感受两种图形的联系和区别，这让学生可以从直观感知上升到理性思考。

活动三 应用提升

用 4 个相同的小正方体可以拼成什么图形？

1. 活动要求如下。

（1）先想一想，再拼一拼。

（2）说一说：你拼成的是什么图形？

2. 作品预设（图 6-15）。

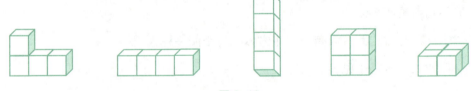

图 6-15

3. 问题串如下。

（1）这些图形都是用 4 个小正方体搭的吗？

（2）这些图形有没有一样的？

通过直观演示，引导学生初步体会图形横着、竖着或斜着摆都是同一种。

（3）哪些是长方体？

辨析：是长方体吗？

生：从正面看的面大一些，从上面、左面、右面看的面小一些。面的大小不一样，所以是长方体。

（4）用4个小正方体能拼成1个大正方体吗？

（5）拼成1个大正方体至少需要几个小正方体？先猜一猜，再操作、验证。

评价：看来我们不能被这前后两个正方形所迷惑，要满足6个面都是正方形才是正方体。

▶▶ 设计意图

对所学立体图形进行综合练习。通过拼搭，在操作中加强学生对图形特征及图形关系（长方体、正方体、长方体与正方体之间的关系）的感知，在判断  是不是长方体的时候，大部分学生会受从前面看是正方形的干扰，认为这个图形是正方体。此时教师应引导学生通过从不同方向观察和比较各个面的大小来推理、判断这是长方体还是正方体，以深化对长方体和正方体特征的认识，并掌握做题方法，培养学生的推理意识。

单元反思

复习课的价值是对全册内容进行系统的梳理，打通知识的关联，帮助学生查漏补缺、优化知识结构、发展数学思维并提升数学素养。教学中力求做到以下几点。

一是，着眼整体性，建构知识体系。

教师要推进单元整体设计，要整体分析数学内容本质和学生的认知规律，体现数学知识之间的内在逻辑关系。教师厘清这一阶段数与运算的学习内容与后面学习内容的联系，有助于整体把握核心概念。因此，要对"自然数的意义和加减法运算"知识脉络进行梳理（见图6-16），进行系统研究。

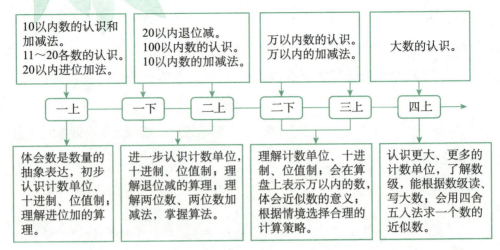

图 6-16　"自然数的意义和加减法运算"教材序列

从图 6-20 中可以看出，计数单位、十进制、位值制是数的认识的核心概念。基于以上整体的认识，将 20 以内数的认识复习重点定位在进一步理解数的相关概念（计数单位、数位、个位、十位、两位数的认识）及其关系，根据一年级学生以具体的形象思维为主的特点，巧妙设计"你能用不同的方式表示 10 这个数吗"的大问题、大任务，提供小棒、计数器等学具让学生自主进行表征，借助直观的一根小棒和一捆小棒感悟计数单位一和十，理解计数单位一和十的关系，使抽象的数学知识具象化；应用计数器模型，让学生在拨一拨、说一说、玩一玩中，建立起一颗珠子在十位表示 1 个十的对应关系，体会到数位、个位、十位和计数单位的关系，初步感悟十进位值制计数思想，从而使碎片化的知识结构化，形成知识体系，完善学生的认知结构。

二是，着眼一致性，追求本质关联。

依据结构化的理念，新课标将具有相同本质属性的内容整合为同一主题。比如对原来"数的认识"和"数的运算"整合为"数与运算"，有助于学生从整体上理解数和运算，体现数的概念和运算的一致性。小学阶段所有的运算都是数的运算，运算的重点在于理解算理、掌握算法，对于算理的理解最终都要追溯到数的意义，20 以内的进位加法是往后学习多位数加多位数进位加法的基础。基于以上的分析，复习 20 以内的加法，重点就不是记忆计算方法，而是引导学生对算理和本质进行研究，培养触类旁通、举一反三的能力。在复习 20 以内的加法时，先引导学生掌握用凑十法计算进位加法，然后通过问题启发思考"用凑十法计算进位加和 10 加几有什么联系"。通过关联，理解利用凑十法可将进位加转化为了 10 加几，引领学生达到由"会"到"明"再到"通"的最高学习境界。

三是，着眼生长性，促进素养提升。

高效的练习是巩固和内化知识的重要途径，也是复习课的关键环节，练习设计要具有生长力。在本单元的学习中，教师设计了"走迷宫""数学游戏""拼搭"等综合性、趣味性、开放性强的练习，通过有生长力的练习可以让学生快速且深刻地巩固知识，灵活运用知识解决问题，发展应用意识和综合能力，实现思维和方法的进阶，促进数学素养提升。

总之，复习课具有回顾与整理、沟通与生长的独特功能，它应该包括知识的梳理建构和练习这两大基本模块。在知识的梳理建构中要着眼知识的整体性和一致性，整体建构知识体系，让学生所学的知识从"碎片化"走向"整体化"，促进思维和能力的发展。

六、资源辅助

1. 书刊推荐。

王永春：《小学数学与数学思想方法》，上海，华东师范大学出版社，2022。

袁晓萍等：《"数与代数"教学优解：小学数学大单元教学设计》，武汉，长江文艺出版社，2023。

刘莉等：《小学数学教科书教学设计与指导.一年级 上册》，上海，华东师范大学出版社，2021。

朱爱玲：《小学数学复习课从"碎片化"到"整体性"教学设计》，载《小学数学教育》，2020（C3）。

盛叶：《从"碎片化"走向"整体化"——单元整体视角下数学复习课的实践与思考》，载《小学教学参考》，2024（2）。

2. 单元作业。

第六单元 "复习与关联"单元作业

（1）看图写数（见图6–17）。

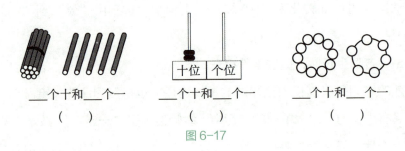

___个十和___个一　　　___个十和___个一　　　___个十和___个一
（　　　）　　　　　　　（　　　）　　　　　　　（　　　）

图 6–17

▶▶ 设计意图

结合小棒和计数器，使学生巩固数的组成和写数的方法，体会计数单位的价值。

（2）按数的顺序填数（见图6–18）。

| 7 | | 9 | | 11 |

| 19 | | 17 | | 15 |

图 6–18

▶▶ 设计意图

通过正序、反序两种顺序，进一步加强对数序的认识。

（3）数一数，填一填（见图6–19）。

图 6–19

① 一共有（　　　）个图形，其中有（　　　）个 ⬚。

② 从左边数 ⚽ 是第（　　　）个图形，它的右边有（　　　）个图形。

▶▶ 设计意图

以立体图形与数的含义结合，通过数一数、分一分，使学生会正确辨认立体图形，掌握数的基数和序数含义。

（4）看图列式计算（见图 6-20）。

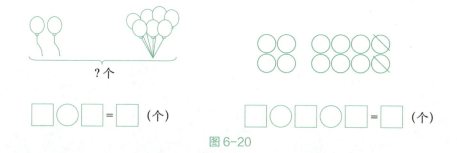

图 6-20

▶▶ 设计意图

此题以图画形式呈现的简单问题，学生要明确问题、寻找信息，利用加和减的含义进行正确列式。学生可巩固加减法的含义，提高解决问题的能力。

（5）一共有多少只动物（见图 6-21）？

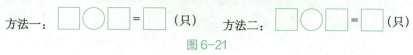

方法一：□○□=□（只）　　方法二：□○□=□（只）

图 6-21

　　在具体情境中，学生从位置、颜色两个不同角度寻找信息，运用加法模型解决同一个数学问题。可培养学生多角度思考，提高解决问题的能力。

　　（6）最高的画"√"，最稳的画"△"，最容易倒的画"○"（见图6-22）。

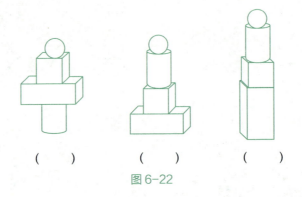

（　　　）　　　　（　　　）　　　　（　　　）

图6-22

　　通过比较不同的拼搭方式，让学生巩固对物体形状特征的认识。

　　（7）在4、8、12、16四个数中选三个数，组成两道加法算式和两道减法算式（见图6-23）。

图6-23

　　通过组算式的练习，帮助学生巩固计算，理解加减法的关系，提高运算能力。

（8）小羊吃水果。

按得数走迷宫，下一步得数比上一步大，小羊最后吃到了什么水果（见图6-24）？

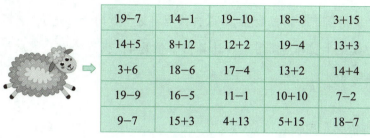

图6-24

（9）要拼成一个大正方体，至少还需要几个 （见图6-25）？

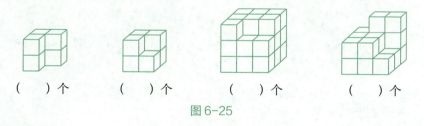

（　　）个　　　（　　）个　　　（　　）个　　　（　　）个

图6-25

（10）思考题：一个两位数在 20 以内，个位上的数比十位上的数多 3，这个两位数是（　　　）。

▶▶ 设计意图

　　学生要根据这个两位数在 20 以内推理出这个数的十位是 1，再根据个位上的数比十位多 3，用 1+3 计算出个位是 4，找到答案。本题培养学生的推理意识。

3. 学习评价表（见表 6-5）。

同学们，本单元"复习与关联"的学习结束了！给自己的表现涂上小红花吧！

表 6-5　"复习与关联"学习评价

任务	具体内容	我的小红花
理一理	我知道了很多"复习与关联"的方法：	✿✿✿
试一试	直接写得数。 5+8=　　3+9=　　9+6-10=　　8+3+5= 9+5=　　18-5=　　10-4-3=　　2+7+8= 0+11=　　13-2=　　8-8-6=　　7+3+5= 17-3=　　9+7=　　9-6+4=　　11-1-4= 我在 2 分钟内算对了（　　　）题。	✿✿✿

任务	具体内容	我的小红花
	填一填（见图 a）。 $$17\ \ 10\ \ 9\ \ 6\ \ 20\ \ 11\ \ 15\ \ 1\ \ 13\ \ 2\ \ 8$$ 图 a 一共有（　　）张卡片，最大的数是（　　），最小的数是（　　）。 从左边数，第 5 个数是（　　）；在计数器上画出这个数（见图 b）。 十　个 图 b 把右边的 5 张卡片圈起来，把左边第 3 张卡片涂上红色。	✿ ✿ ✿
	数一数（见图 c）。 ▭（　　）个 ▯（　　）个 ◯（　　）个 ▮（　　）个 图 c 一共有（　　）个立体图形。	✿ ✿ ✿

任务	具体内容	我的小红花
	解决图 d 问题。  图 d 你能从图中提出数学问题并解答吗？ □○□=□	✿✿✿
记 一 记	我喜欢本单元的学习。	✿✿✿
	我能在生活中准确找到这些学过的图形。	✿✿✿
	我敢于交流或展示自己的想法。	✿✿✿
	我能认真完成学习任务。	✿✿✿
	我善于倾听别人的发言。	✿✿✿
	我敢于发现问题并纠正错误。	✿✿✿
任务	数一数，我一共获得（　　　）朵小红花。	

多姿多彩的立体图形 *

一、学习主题

多姿多彩的立体图形。

二、学习目标

数学学科目标：让学生借助实物和图片，在辨认、分类、拼组等活动中，正确认识立体图形，培养学生的空间观念、几何直观；在对生活中的实物进行分类的数学学习活动中，让学生体会数学与生活的联系，学会用数学的眼光观察现实世界；通过对几何体的操作活动，让学生初步体会立体图形之间的关系，巩固对立体图形特征的认识，培养用联系和变化的观点看待事物的意识；通过搭建微观城市的实践活动，让学生经历解决简单实际问题的全过程，深化对立体图形特征的认识，获得相应解决问题活动的基本经验，发展应用意识。

语文学科目标：增强学生的语言组织能力，流畅清晰地表达自己对立体图形的认识和创作意图；提高学生的口语表达自信，能够在公众面前流畅地分享个人或团队项目；拓展学生的词汇量，特别是在描述形状、特征和空间关系等方面的专业术语；培养学生的倾听习惯，学会从他人的分享中获取信息并作出积极回应。

科学学科目标：通过对建筑物造型的观察、抽象，促进学生对立体图形特征的再认识；密切结合生活体验，在用几何体模拟搭建微观建筑的活动中，发展学生的工程设计思想；通过模拟职业体验，开阔学生视野，培养学生科学精

---

* 编写者：赵厚华，江苏省仪征市教师发展中心；谭智文，湖南省株洲景炎小学。

神和职业成就感。

　　美术学科目标：通过寻找、辨认生活中含有长方体、正方体、圆柱和球等几何体图形的物品，让学生感受生活中立体图形的特征与艺术美，提高学生观察力与审美力；用立体图形元素进行美术创作，让学生感受不同立体图形的造型美，提升美术造型设计能力；让学生学会欣赏和评价他人作品，发展艺术鉴赏力。

　　共同目标：引导学生在立体世界中认识立体图形，培养学生的空间观念；激发学生学习的好奇心和学习兴趣，感受数学与生活、数学与其他学科的联系；通过跨学科学习，增进学生对现实世界的认识与了解，切实提高学生的综合学习能力。

　　基于"教—学—评"一致性的思考，我们从核心素养、核心概念、掌握技能三个层面，对学习目标进行整体设定（见表7-1）。

表7-1 "多姿多彩的立体图形"学习目标

核心素养	空间观念、几何直观、应用意识、模型意识。	
核心概念	数学美思想：对数学外在形式的感性认识和内在本质的理性欣赏。	基本问题：这些精美的建筑是由什么立体图形组成的？你能模拟搭建城市中的建筑吗？
	抽象思想：通过对实物的直观辨认、分类，聚焦形状这一属性，抽象出立体图形的一般模型。	基本问题：艺术家的作品中用了什么立体图形？你能说一说生活中的建筑是什么形状的吗？
掌握技能	知：能够辨认和描述长方体、正方体、圆柱和球等立体图形，并利用其特征解决生活中一些关于拼、搭的简单实际问题。	
	能：探究和体会数学与语文、科学、美术等其他学科的融合，增强综合应用学科知识解决问题的能力，发展模型意识、应用意识、创新意识。	

三、学习问题

　　学生对物体特征的理解存在一定的个体差距。此阶段学生对于立体图形并不陌生，他们平时在活动和游戏中就会积累有关物体形状的感性经验，如积木拼搭、拼图等。但是要把这些感性经验进一步抽象出相对应的立体图形概念，并用来解决简单的实际问题，还需要教师多多引导。在与科学学科融合中，引导学生在解决"创意搭建微观城市"的实际活动中，培养学生"像工程师那样解决问题"是教学中需要特别关注的要点。在与美术学科融合中，需学生观察物体，抓住生活中事物的重要特征，并且采取合适的手法实现也是教学的难点。在与语文学科融合中，引导学生用完整清晰的语言描述和表达作品创作的想法、遇到的困难、提出建议等，学会数学化表达与交流是一个难点。纵观整个主题教学，如何让立体图形的认识置身于立体世界中，让数学学习真正发生，促进学生深入思考，体会多学科知识间的联结是教学中所需要解决的问题。

四、内容设计

在跨学科主题学习活动中，学生将在实际情境和真实问题中，学习和理解数学知识；综合运用数学和其他学科的知识与方法，经历发现问题、提出问题、分析问题、解决问题的过程，感悟数学知识的价值，以及数学与其他学科的关联，提高解决实际问题的能力，形成和发展核心素养。

本案例以教材第三单元"认识立体图形"为基础，融合语文、科学、美术学科的知识和方法，分为"立体组合真多彩、我是小小建造师"两个学习任务，共 3 个课时。让学生在寻找、欣赏、抽象、创作、分享等过程中再认识长方体、正方体、圆柱和球等立体图形，发展空间观念，培养解决问题的能力。

本案例联系学生生活实际，创设"玩中学"的学习情境，学生能从生活实物中准确抽象出立体图形；能够在模拟搭建城市建筑的活动中，发展工程设计思想，并进一步感受立体图形的基本特征；能够利用立体图形元素进行美术立体创作，提升美术造型设计能力；能用数学的眼光欣赏别人的创作，学会数学化的表达和交流，发展口语交际能力，并感受数学与生活的联系。围绕数学课程的核心素养，结合"多姿多彩的立体图形"的学习内容，设计了教学过程表（见表 7-2）和教学效果测评表（见表 7-3）。

表 7-2　"多姿多彩的立体图形"教学过程

学习内容	课时	完成的任务	教学运行方式	效果测评要点
立体组合真多彩	1	①游戏导入，认识立体图形。②观察图片，寻找立体图形。③欣赏作品，学习表现方法。④交流讨论，创作立体图形作品。⑤课堂总结，延伸拓展学习。	引导学生：① 观察与分类：通过互动游戏对实物和图片进行观察与分类，感知不同立体图形的形状特征，尝试描述生活中的立体图形。② 欣赏与学习：感受生活中立体图形的特征与艺术美，欣赏艺术作品，学习立体图形创作手法。③ 想象与创作：分组确立创作主题，展开想象，利用立体图形创作生活中的事物。④ 展示与分享：先小组分享展示，然后每组派代表全班分享。	① 从生活物品中直观辨认出长方体、正方体、圆柱和球，并描述这些立体图形的特征。② 感受立体图形的艺术美与造型美。③ 在立体图形的艺术创造中，感受不同立体图形的特征。④ 会表达交流自己创作的想法，并会欣赏、评价他人的作品，发展艺术鉴赏力。
我是小小建造师	2	①介绍与了解——城市及建造师。②欣赏与想象——立体图形的组合。③发现与学习——找找身边的建筑。④创作与分享——创意搭建微观建筑。	引导学生：① 介绍与了解：通过观看北京城市宣传片，了解城市的各种建筑，并介绍"建造师"这一职业。② 欣赏与想象：欣赏各种代表建筑物，介绍其用途，并抽象出其图形组成。③ 发现与学习：说说自己所在城市里见过的一些建筑，介绍它的形状和用途。④ 创作与分享：两人一组合作在大纸板上用积木（或橡皮泥）搭建自己的微观城市，全班分享。	① 在模拟拼搭的活动中，感受不同立体图形的特征。② 作品创造的科学性、艺术性和创新性。③ 语言表达的流畅度与清晰度。④ 对别人的作品能认真倾听与科学评价。

表 7-3 "多姿多彩的立体图形"教学效果测评

维度	评价内容	评价等级	评价说明
抽象能力	能够通过观察生活事物,从中抽象出不同的立体图形,并简单描述图形特征。	☆☆☆☆☆	学生能从生活中事物的图片中抽象出立体图形,并能准确描述特征,得4~5颗星。
			学生大部分情况下能从生活中事物的图片中抽象出立体图形,并基本能描述其组成,得2~3颗星。
			学生不能自主将生活中的事物与立体图形相联系,无法准确进行描述,得1颗星。
交流与表达能力	善于倾听,乐于表达。	☆☆☆☆☆	学生能用自己的语言清晰流畅地表述作品创作想法,积极参与小组交流讨论,得4~5颗星。
			学生交流和表达基本清晰,但缺乏思维深度,得2~3颗星。
			学生表达困难,需要引导或帮助,得1颗星。
审美与鉴赏能力	欣赏、评价别人的创作成果和绘画作品。	☆☆☆☆☆	学生能正确欣赏他人作品创作的手法,并给予合理评价和建议,得4~5颗星。
			学生基本学会欣赏他人作品,但语言不够准确,得2~3颗星。
			学生欣赏有困难,无法准确评价作品,得1颗星。
应用意识	课外知识丰富,综合运用学科知识。 应用立体图形进行艺术创作。	☆☆☆☆☆	能综合应用学科知识,在立体世界中认识立体图形,并应用立体图形进行艺术创作和工程设计,解决简单实际问题,得4~5颗星。
			学生基本能借助其他学科知识进行数学学习,得2~3颗星。
			学生未能将数学与其他学科建立联系,1颗星。

五、教学实施

任务一 立体组合真多彩

▶▶ 策略

> 通过师生互动游戏，交流认识不同立体图形的特征。然后通过看一看、找一找等活动，引导学生理解立体图形与事物之间的关系，帮助学生将生活经验与学习内容建立关联。最后借助多媒体手段，让学生在艺术欣赏、交流中进行想象和创作，智育和美育齐头并进。
>
> 建议安排 1 课时。

活动一　游戏导入，认识立体图形

1. 创设游戏情境，初步认识立体图形。

教师出示多个盒子，每个盒子的上方有不同形状的口，师生互动游戏。

游戏要求：看谁先把不同造型的几何体通过对应的口投入盒子中。

2. 邀请学生上台参与游戏，尝试将几何体通过对应的口投入盒子中。

3. 师生共同讨论游戏过程中的体验，引导学生交流不同几何体的特征。

▶▶ 设计意图

> 通过游戏的方式，激发学生学习兴趣，在观察、操作中加深对不同立体图形特征的认识。通过这样的趣味活动，调动学生的多感官，在亲身体验中发展空间观念。

活动二　观察图片，寻找立体图形

1. 展示自然中的事物图片（如树、山、苹果等），引导学生观察并思考它们分别像什么立体图形。

2.展示生活中的事物图片（如球、盒子、水杯等），让学生指出它们对应的立体图形。

3.鼓励学生观察身边的事物，并尝试抽象出立体图形来描述它们。

▶▶ 设计意图

通过对实物图片的直观辨认，抽象出立体图形，帮助学生建立正确几何表象。这样的活动，密切联系现实情境，让学生体会数学与生活的联系，感受生活中的数学美，发展学生用数学的眼光观察现实世界的能力。

活动三　欣赏作品，学习表现方法

1.引导学生欣赏艺术家作品，交流作品中有哪些立体图形，是用了哪些材料和方法创作的。

2.展示一些用立体图形创作的美术作品，让学生欣赏并感受立体图形的魅力。

3.教师讲解如何用彩纸、橡皮泥等材料制作简单的立体图形，并示范制作步骤。

▶▶ 设计意图

通过欣赏、交流艺术家的创作作品，引导学生进一步认识立体图形的特征，同时感受不同的立体图形组合起来会有不一样的美。教师示范讲解制作立体图形，让学生感受到"数学美"还能自己创造，为接下来的艺术创作打基础，激发创作热情。这样的活动，让学生在知识与情感两方面都能感受到数学的魅力，培养了学习数学的积极情感态度。

活动四　交流讨论，创作立体图形作品

1.学生分组讨论，选择自己感兴趣的立体图形作为创作主题。

2.教师引导学生思考如何运用所学知识，将立体图形与生活中的事物相结

合，设计出独特的作品。

3.学生选择自己喜欢的方法进行创作，教师巡视指导，及时给予建议和鼓励。

4.鼓励学生发挥想象力和创造力，尝试不同的创作方法。

▶▶ 设计意图

通过合作创造立体图形相关的艺术成果，让学生对立体图形的认识内化于心，外化于行。借助具体的媒介培养学生的艺术创造能力，既能在数学上发展学生的空间观念，又能使美术与数学学科有机融合。

活动五　课堂总结，延伸拓展学习

1.展示学生的作品，让学生互相欣赏、交流。

2.教师总结本课的学习内容，强调立体图形在生活和艺术创作中的重要性。

3.布置课后作业：让学生在家中继续寻找和发现立体图形，并尝试用绘画或手工制作的方式表现出来。

▶▶ 设计意图

通过给别人的作品提合理的建议和评价，发展学生表达与交流、审美与鉴赏的综合能力，让学生在学习中获得积极的成功体验。课后作业使学习和创作延伸到课外，有利于提升学生综合素养。

任务二 我是小小建造师

▶▶ 策略

要充分利用学生的生活经验，激发学生的活动兴趣。通过创设职业体验的大背景，使学生在具体的生活情境中学习知识、解决问题。通过观察、想象、操作、交流等多种活动，利用触觉、视觉、运动觉的协同作用，加深学生对立体图形特征的认识，充分感受数学在生活中的应用性以及与其他学科的关联性。

建议安排 2 课时。

活动一　介绍与了解——城市及建造师

1. 播放北京城市宣传片。

师：城市是人们生活、学习、工作和娱乐的地方。你去过北京吗？北京是我国最有名的城市之一，它有很多漂亮奇特的建筑，建造这些建筑的人，他们有个共同的名字——建造师。

2. 出示"鸟巢"图片，播放建造过程的视频。

师：你认识这个建筑吗？它像什么图形？

生：国家体育场，也叫"鸟巢"，像"挖了洞的圆柱"。

师：是的，它是我们为了迎接奥运会而建的一座体育场，我们一起来看看它是如何建造的。

▶▶ 设计意图

通过视频生动形象地介绍城市及建造师这一职业，了解建造师这一职业的基本知识。通过观察各种不同功能及类型的建筑物，让学生抽象出与建筑相关的图形。这样的活动让学生感受了数学与生活的密切联系，巩固了对立体图形的认知，发展了空间观念。

活动二　欣赏与想象——立体图形的组合

1. 呈现各种北京的代表建筑物图片，介绍其用途。

天坛（圆柱形，古代皇帝祭天、祈谷、祈雨的地方，旅游景点）、国家游泳中心（长方体、游泳馆）、金融街的写字楼（长方体、办公区域）、国家大剧院（半椭球形、艺术中心）。

2. 让学生想象它们分别像什么立体图形，教师借助课件演示。

如天坛（见图 7-1）是由几个圆柱和一个圆锥堆成的。

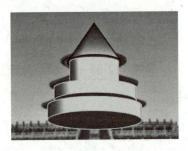

图 7-1

▶▶ 设计意图

　　通过看一看、说一说活动，感受立体图形在生活中的实际应用，从建筑造型中抽象出几何体一般模型，发展初步的模型意识，培养学生用数学的眼光观察现实世界。这样的活动，不仅让学生感受到生活中的"数学美"，而且加深了学生对立体图形的认知，发展了学生的几何直观。

活动三　发现与学习——找找身边的建筑

找一找：让学生说说自己所在城市里的一些建筑，介绍它的形状和用途。

教师示范：我见过电视塔，形状像圆柱中间夹了个球。

▶▶ 设计意图

　　通过找一找、说一说活动，引导学生寻找生活中的几何立体图形，丰富学生对几何体造型特征的认识。学生借助语言描述与模拟想象将立体图形与现实建筑关联起来，可以发展空间想象力，感受数学的实际应用价值。

活动四　创作与分享——创意搭建微观建筑

1. 明确任务。

用积木或者橡皮泥模拟搭建城市中的建筑。

2. 设计方案。

画设计图：在记录表中（见表 7-4）试着画一画你们觉得可行的建筑。

3. 实施计划。

两人合作，利用积木和橡皮泥试着在大纸板上搭一搭，并在表中（见表 7-4）做好记录。

4. 检验作品。

组内交流与改进，在记录表中（见表 7-4）给搭好的建筑说明用途。

表 7-4　活动记录表

建筑	设计图	是否稳定	建筑用途
建筑 1			
建筑 2			
建筑 3			
建筑 4			

5. 成果推介。

（1）向大家介绍：我们组搭建的建筑是＿＿＿＿＿＿＿。

它是由（　　）个立体图形拼成的，分别是（　　），建筑的用途是（　　）。

（2）全班评价：推选"小小建造师"。

▶▶ 设计意图

　　在实际情境中创设具体的探究性主题实践活动，引导学生基于科学思路以小组合作的形式完成项目的设计及实现，提高学生思考能力和动手操作能力。这样的活动，促使学生综合运用数学与其他学科的知识，经历"明确问题、设计方案、实施计划、检验作品、成果推介"的工程设计过程，积累问题解决的经验，培养了科学探究精神、空间观念和创新能力。

单元反思

　　综合与实践是小学数学学习的重要领域。学生将在实际情境和真实问题中，运用数学和其他学科的知识与方法，经历发现问题、提出问题、分析问题、解决问题的过程，感悟数学知识之间、数学与其他学科知识之间、数学与科学技术和社会生活之间的联系，积累活动经验，感悟思想方法，形成和发展模型意识、创新意识，提高解决实际问题的能力，形成和发展核心素养。

　　在新课标中，主题活动被分为两类，本主题属于第二类，即运用数学知识及其他学科知识的主题活动。在这类活动中，学生将综合运用数学知识解决问题，体会数学知识的价值，感受数学与其他学科的关联。

　　新课标在第一学段综合与实践的学业要求中，要求学生能够积极参与活动，在活动中能主动表达，并与他人交流，加深对数学知识的理解，感悟数学知识与现实生活的联系，发展对数学的好奇心，提升学习数学的兴趣，初步获得一些数学活动经验。而在教学提示中指出，主题活动的设计提倡多学时的长程学习，可以根据实际情况灵活设计活动内容和形式，有助于学生加深对知识的理解，积累基本活动经验。

结合新课标要求，此主题活动设定为跨学科主题学习，学生需要运用科学工程设计思想模拟城市建筑搭建，利用美术学科知识创意设计艺术作品，运用语文口语交际能力介绍作品，并对他人作品进行评价和建议。

本主题活动主要设计三个课时的活动：第一课时"立体组合真多彩"——创作立体图形绘画作品；第二、第三课时"我是小小建造师"——模拟职业体验，用科学工程设计的思想实现立体图形创意搭建。学生灵活运用各学科知识，经历从现实世界抽象数学知识、用科学、美术辅助理解数学知识，用语文协助交流、评价等具体活动，巧妙地将数学与科学、美术、语文等学科相融合，提升对数学的全面认知，培养了学生的科学思维、抽象能力、空间想象、艺术审美等能力，在实践探究中进行学科融合。具体来说，本案例应做到以下几点。

一是，亲身体验，切身感悟数学秘密。

"认识立体图形"是教材第三单元的教学内容，本案例是在学习这一单元知识后，密切联系生活实际设计的跨学科学习活动。采用多种方式帮助学生在搭、画、评的活动中，切实加深对不同立体图形的特征差异的理解与认识，同时补充介绍了一些没见过的立体图形，让学生自主完成学习的深度建构与生长。

二是，学科融合，发展学生核心素养。

传统的小学数学是一种孤立的教学，容易出现知识和思维碎片化的弊端。新课标多处强调"综合运用数学和其他学科的知识和方法解决真实问题"以"形成和发展核心素养"。在设计本案例时，巧妙融合了多门学科的知识和思想帮助学生建构理解知识，如通过模拟职业体验城市建造师，帮助学生经历"明确问题、设计方案、实施计划、检验作品、成果推介"的工程设计过程，发展了学生几何直观、空间观念、创新意识等核心素养。学习过程中，学生极易对美术作品表现出好奇和共情，实践证明，将数学与美术融合，可以激发学生在数学学习上的热情，帮助学生集中注意力，充分掌握知识。本案例的学习过程中不仅促进了学生对数学学习的热情，还发展了学生空间想象、创新意识等素养。语文学科更是帮助学生在熟悉的语言情境中理解数学知识，在多样评价交流中发展学生的综合素质。

三是，整体规划，促进学科有效融合。

根据教学主题，应将整个主题活动中的驱动性问题根据问题解决的逻辑次序进行分解，建构子任务群。如果这个环节缺失，活动就容易浅化为各自为阵的学科拼盘、浅表尝试的主题活动。本案例中基于"认识立体图形"的主题，创设了一系列的子任务，任务下又分设多项学习活动，利于学生操作、实践、测评，达到学科融合下的综合育人、合作育人的效果。

六、资源辅助

1. 书刊推荐。

郭华等：《跨学科主题学习：是什么？怎么做》，北京，教育科学出版社，2023。

王艳玲、吴正宪、马云鹏：《跨学科主题学习设计与实施.小学数学》，北京，教育科学出版社，2023。

2. 学习评价（见表 7-5）。

表 7-5　"多姿多彩的立体图形"学习评价

评价指标	评价星级 （很棒★★★　较好★★　一般★）			综合评价
我能从生活中辨认立体图形。				教师评语
我能说出不同立体图形的特征。				
我能按照工程设计的思想创意搭建。				
我能用立体图形进行艺术创造。				

续表

评价指标	评价星级 （很棒★★★　较好★★　一般★）			综合评价
我会倾听别人的发言。				教师评语
我能发现自己的问题并向别人请教。				
我能和小伙伴合作完成学习任务。				
我能欣赏并评价同伴创作的作品。				
我能综合运用知识解决问题。				
数一数，我一共获得（　　　）颗★。				

一、学习主题 ////////////////////

数学连环画。

二、学习目标 ////////////////////

1.数学学科目标：引导学生在梳理数学知识、创编数学故事、创作数学连环画的过程中，感受数学知识与现实生活的联系，增强学习数学的兴趣，提升系统思考的能力。

2.语文学科目标：在描述和创作数学连环画的过程中，培养学生口语表达与交流能力。

3.美术学科目标：在数学连环画的创作过程中，提升学生美术构图与造型设计能力，培养其审美与鉴赏能力。

4.共同目标：引导学生将生活经历数学化、故事化、图像化，培养学生分析推理能力和语言表达能力，激发学生的好奇心和学习兴趣，体会多学科知识间的联结，增强学生模型、应用、创新等意识，增进学生对世界的认识与了解。

基于"教—学—评"一致性的思考，我们从核心素养、核心概念、掌握技能三个层面，对本单元的学习目标进行整体设定（见表8-1）：

---

* 编写者：周慧珊，湖南省株洲六〇一中英文小学。

表 8-1 "数学连环画"学习目标

核心素养	推理意识、几何直观、模型意识、应用意识。	
核心概念	数学连环画： 是指围绕一个数学故事或数学问题，利用直观图形，以多幅画面叙述的方式，描述事件发展过程的绘画形式。学生可在创作过程中感受数学与生活、数学与其他学科的融合，看见教材以外的数学。	基本问题： ① 你学习了哪些数学知识？ ② 在日常生活中，你经常会用到哪些数学知识？ ③ 你能尝试将自己的经历编成数学故事，并画出来吗？
掌握技能	知：将生活经历数学化、故事化、图像化，培养分析推理能力和语言表达能力。 能：探究和体会数学与语文、美术等学科的融合，增强合作、模型、应用、创新等意识。	

三、学习问题

一年级学生学习的知识比较零散，思维处于形象感知阶段，对事物的认识与评价比较直观。本案例通过让学生回顾整理已学的数学知识，用数学知识记录和描述自己的生活经历，以数学连环画的方式呈现出来的方式，即用学生的世界寻找数学、理解数学、呈现数学，以实现会用数学的眼光观察现实世界，会用数学的思维思考现实世界，会用数学的语言表达现实世界的核心素养培养目标。在与语文学科的融合中，引导学生用完整优美的语言描述和表达连环画中的数学信息及数量关系，学会数学化的表达与交流，是一个难点。在与美术学科融合中，将数学连环画用色彩和形状清晰地描绘出来，使数学信息更明确，也是教学中需要特别关注的。纵观这个案例，如何将学生的生活经历数学化、故事化，将数学故事条理化，真正体会数学与语文、美术等学科间的融合，是教学中需要解决的重点问题。

四、内容设计

新课标指出，综合与实践是小学数学学习的重要领域。学生将在实际情境和真实问题中，运用数学和其他学科的知识与方法，经历发现问题、提出问题、分析问题、解决问题的过程，感悟数学知识之间、数学与其他学科知识之间、数学与科学技术和社会生活之间的联系，积累活动经验，感悟思想方法，形成和发展模型意识、创新意识，提高解决实际问题的能力，形成和发展核心素养。

"数学连环画"教学应安排在数学一年级上册内容学习结束，进行复习阶段时，作为跨学科主题学习来进行。新课标要求学生结合自己的生活，运用学过的数学知识，记录自己的经历，或者编一个含有数学信息的小故事。一年级的学生对数学学习充满了兴趣，也发现了生活中许多的场景都需要用数学知识来解决，虽然年龄限制了他们的文字表达，但可用画图的方式弥补。

本案例依托于一年级学生回顾梳理"我知道的数学"这一真实情境，通过创设三大任务（找数学——寻找、发现生活中的数学信息，把这些信息变成数学故事；画数学——用连环画的形式呈现数学故事；讲数学——把这些数学故事讲给小朋友听），打破学科壁垒，引导学生感悟数学知识之间、数学与其他学科之间、数学与社会生活之间的联系。围绕数学课程的核心素养，结合"数学连环画"的学习内容，设计了如下教学过程表（见表8-2）和教学效果测评表（见表8-3）。

表 8-2　"数学连环画"教学过程

学习内容	课时	完成的任务	教学运行方式	效果测评要点
找数学：说说我的生活	1	① 理一理。 ② 说一说。 ③ 编一编。 ④ 比一比。	① 发散性思维：教师引导学生梳理生活中与数学相关的事件或者需要用数学知识解决的问题。 ② 回顾与整理：将学生列举出的数学知识进行分类与整理。 ③ 学生创编并分享数学故事。	① 能列举并简单整理学习过的数学知识。 ② 能运用数学知识创编成故事。

续表

学习内容	课时	完成的任务	教学运行方式	效果测评要点
画数学:画出数学故事	2	① 画一画。 ② 认一认。 ③ 改一改。	引导学生: ① 尝试将数学故事画出来。 ② 了解什么是连环画。 ③ 改进和创编数学连环画。 ④ 通过故事情节分解、构思主题图画、创作表达故事、审视完善故事的流程使数学连环画趋于完整。	① 对数学连环画特点有所了解。 ② 能用多种表现形式、数学信息创编成数学连环画。 ③ 创作的连环画表现清楚、美观。
讲数学:我们的故事会	1	① 赏一赏。 ② 评一评。	引导学生: ① 分享。先组内分享,再全班分享创作的连环画。 ② 评价。综合评定,选出优秀作品。 ③ 采用小组分享展示、同伴交流互评、交流活动感受、梳理总结经验四个步骤进行活动。	① 能清晰流畅地表达自创的数学连环画。 ② 能对别人的作品给予客观、全面的评价与建议。

表 8-3 "数学连环画"教学效果测评

维度	评价内容	评价等级	评价说明
抽象与推理能力	学生结合自己的生活,整理学过的数学知识,运用知识创编故事。	☆ ☆ ☆ ☆ ☆	学生能熟练地回顾已学的知识,并运用数学知识记录和解释自己的生活经历。得 4～5 颗星。
			学生能将数学知识与生活实践相结合,但表达略有不足,得 2～3 颗星。
			学生不能自主将学过的知识与生活相联系,得 1 颗星。

续表

维度	评价内容	评价等级	评价说明
交流与表达能力	学生将生活经历数学化、故事化，并将数学故事条理化表达。	☆☆☆☆☆	学生能自主输出，熟练地将创编的数学小故事进行分享。能清晰地表达数学连环画中数学知识的意义及蕴含的数量关系，讨论时表达清晰、有条理，得4～5颗星。
	用自己的语言表达数学连环画中数学知识的意义及蕴含的数量关系。		学生交流和表达基本清晰，但缺乏思维深度，得2～3颗星。
			学生在交流和讨论中表达模糊，需要引导或帮助，得1颗星。
审美与鉴赏能力	欣赏、评价别人的数学连环画。	☆☆☆☆☆	学生能欣赏别人创作的数学连环画，能倾听别人的发言，并提出建议，得4～5颗星。
			学生交流和表达基本清晰，但缺乏思维深度，得2～3颗星。
			学生在交流和讨论中表达模糊，需要引导或帮助，得1颗星。
跨学科整合的能力	在数学连环画创编活动与交流活动中的综合表现。	☆☆☆☆☆	学生能将生活经历数学化、故事化、图像化。能自觉运用语文课堂上学习的诗歌、寓言、童话等，和美术课上描绘大千世界用的色彩、形状等多种形式创编数学连环画，得4～5颗星。
			学生能意识到数学与其他学科的关联，但结合不够紧密，得2～3颗星。
			学生不能自觉将数学与其他学科进行关联，需要引导或帮助，得1颗星。

五、教学实施

任务一 找数学：说说我的生活

▶▶ 策略

　　通过说说我的生活活动，指导学生将学过的知识进行回顾，并将关键知识点按照小学教学的内容领域或学习主题与同学一起整理归类，引导学生初步感受知识之间是有联系的，有效提升学生语言表达、分类整理，增强合作意识，提高交流能力。

　　建议安排 1 课时。

活动一　理一理

　　师：同学们，你们已经入学快一个学期了，学习了很多知识，也熟悉了小学的学习和生活。回忆一下我们学习了哪些数学知识。

　　生 1：我们学习了 20 以内的数，知道许多种数数的方法，也知道数的各部分组成。

　　生 2：我们学习了怎样算加减法。

　　生 3：我们还学习了长方体、正方体、圆柱、球。

　　生 4：我们还学习用凑十法很快算出进位的加法。

　　生 5：我们还学习了许多数学游戏呢，比如找不同、比大小、玩骰子……

　　教师根据学生的回答，将这些知识的关键词按照内容领域归类并贴在黑板上，帮助学生感受如何整理知识和信息（见图 8-1）。

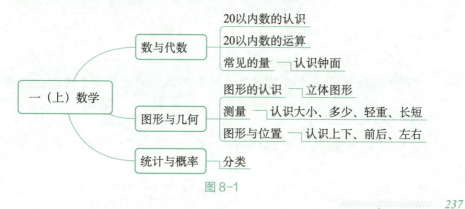

图 8-1

▶▶ 设计意图

　　学生对所学知识进行全面回顾与整理，教师引导学生感受数学知识之间、数学与生活之间是有联系的，培养学生的结构化、系统化思维。

活动二　说一说

　　师：同学们，经过一个学期我们已经学习了很多数学知识，知道了数学来源于生活并能解决生活中的问题。你能说一说生活中哪些地方用到了我们所学的数学知识吗？

　　生1：我和爸爸饭后散步，计算走了多少步时用到了数学。

　　生2：周末去动物园，我会从不同方向去观察大象的外形。

　　生3：我去奶奶家，乘坐68路公交车，一共要坐9站。

　　生4：和爸爸妈妈逛超市，一共买了几样东西，花了多少钱，都要用加法计算。

　　生5：我找到了生活中很多物体是长方体、正方体、圆柱。比如电视机是长方体的，茶叶筒是圆柱的。

　　生6：我们还用跷跷板、天平比轻重呢！三个人轮流玩跷跷板，可以比出谁最重、谁最轻……

　　师：看来数、数量、位置、图形等数学知识，在我们的生活中的应用非常广泛。

▶▶ 设计意图

　　让学生说说生活中哪里需要运用数学知识解决问题，通过分享交流，让他们体会数学存在于游戏中、运动场上，在生活的方方面面中，培养学生用数学的眼光观察现实世界。

活动三　编一编

师：刚刚我们举了许多生活中运用数学的例子，那你能将这些例子或者数学课本上的插图编成数学小故事吗？试一试。

生 1：我可以讲加法的故事，比如荷叶上有 5 只青蛙，又跳来了 2 只，一共有 7 只。

生 2：我可以讲减法的故事。比如车上本来有 12 人，在中心广场站下去了 4 人，这时车上还剩下 8 人。

生 3：我还可以讲爸爸一天的工作的故事。

生 4：我可以讲我去超市购物的故事。

生 5：我可以讲平面图形的故事，就像语文课上的《雪地里的小画家》一样，平面图形是用立体图形印出来的。

师：你们在语文课上还学习了很多有趣的故事，如《乌鸦喝水》《影子》《比尾巴》，你们在讲数学故事的时候，也可以用上这些语文小故事哦！但既然是编数学小故事，肯定要用上数学的元素，如数与运算、图形与位置等，都可以。

▶▶ 设计意图

　　引导学生创编数学小故事，既融入数学元素，体现数学思考，又有引人入胜的故事情节。让学生感悟数学源于生活，而且能解决生活中许多实际问题，引导学生用数学的语言来表达现实世界。

活动四　比一比

1. 自主编故事：尝试自主口头编数学故事，说给小组同学听。

引导学生在编故事时结合实际生活，体现数学信息，并且运用数学知识解决问题，同时尽量体现情节性、趣味性。

2. 小组分享：推选一位同学上台分享数学故事。

3. 全班分享，评价总结。

引导学生编数学故事时要体现数学的信息，可以从增加时间的角度、可以从数量关系的角度，也可以从位置方向的角度等创编故事。

4. 全班评价：推选数学故事大王。

要求：声音洪亮、语言流畅、思路清晰，故事引人入胜。

▶▶ 设计意图

让学生分享各自创编的数学故事，通过同伴交流，有效提升学生数学应用意识及语言表达能力。

任务二 画数学：画出数学故事

▶▶ 策略

"数学好玩。"是国际著名数学家陈省身赠送给少年数学爱好者们的一句话。一年级学生年龄小，识字不多，能写的字更少，该如何引导学生发现身边的数学知识呢？可以通过画数学的方式，即用"数学多元表征学习"方式促进低年级学生思维"数学化"。"数学多元表征学习"方式是基于学生认知规律，科学利用学生认知规律，组织引导学生进行数学深度学习的学习方式，其本质是将数学学习对象进行心理多元认知编码并与之建立对应，建构意义联系，其认知心理机制是建构"内化—联系—外化"的数学深度学习生态循环系统。"画数学"这个活动引导学生用数学连环画的形式，表现数学应用经历或数学故事，点燃学生创编数学故事，感受数学故事的欲望，发展学生学习数学的兴趣，在生动形象的故事中感受数学的存在，培养发散思维、模型意识、抽象能力。

建议安排 2 课时。

活动一　画一画

1. 师：上节课举了许多生活中运用数学的例子并且编了数学故事，如果能配上图画，会让听的人了解得更清楚、更明白。你能试着将数学故事画下来吗？

2. 欣赏同学创作的数学故事（见图 8-2、图 8-3）。

师：看看在这个小朋友身上发生的故事你是否能看懂呢？

生 1：我看懂了，第一幅画的是小刺猬搬苹果的故事，先搬了 2 个苹果，又搬了 3 个苹果，还剩下 3 个苹果。用减法"8-2-3=3"表示。

生 2：我看懂了第二幅画的意思，花丛中本来有 5 只蝴蝶，飞来了 3 只，又飞走了 2 只，现在花丛中还有 6 只蝴蝶。用算式 5+3-2=6 表示。

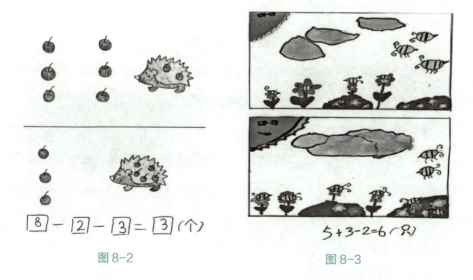

图 8-2　　　　　　　　图 8-3

师：（出示图 8-4）为什么同样都是 2+3=5，却画了这么多不同的图？

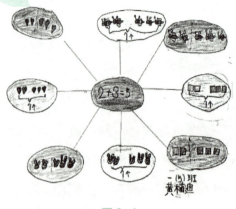

图 8-4

生 3：不同的图表示的都是 2 和 3 合起来是 5 的意思。

师：你们真了不起，其实你们画的就是一幅简单的数学连环画。

▶▶ 设计意图

让学生在创编的数学故事的基础上尝试用图画表现出来，培养学生的数学抽象能力。

活动二 认一认

师：数学连环画在很多地方都有出现，比如绘本、数学课本、同学们的作品中，它不仅能够清楚地表达出数量关系，而且生动、美观又有趣。

1. 绘本中的"数学连环画"。

数学绘本以它的故事性、趣味性、生活性和可视性来展现数学知识、数学思维和数学的思考方法，如《想吃苹果的鼠小弟》《鼠小弟，鼠小弟》这两册绘本分别讲述了减法的故事和比轻重的故事。教师可通过阅读数学绘本的方式，让学生进一步了解数学连环画。

2. 课本中的"数学连环画"。

师：其实数学连环画也藏在我们的课本中，只是我们从未正式给它冠以

"数学连环画"的名字而已。让我们翻看课本，找一找"数学连环画"！

3. 学生画的"数学连环画"。

师：这幅数学故事连环画你能看懂吗（见图8-5）？

图8-5

生：我看懂了这个故事的内容，有7只小蝌蚪正在找它的妈妈，又来了2只小蝌蚪找到了停在荷叶上的青蛙妈妈，这时有4只小蝌蚪已经找到了它们的妈妈，还有5只小蝌蚪很失望，只能继续去找它们的妈妈了。

师：通过几幅图，我们了解了小蝌蚪们找妈妈的故事全过程。在故事中融入数学，让生动、美观而有趣的情境，有序且清楚地表达出了数量关系。

▶▶ 设计意图

引导学生了解什么是连环画，尝试用数学连环画的形式表现数学应用经历或数学故事。数学连环画与其他画不同，它侧重故事表达的准确性、事件发生的内在有序性和解决问题中的数学信息与数量关系。数学让故事表达得更详细而具体。

活动三　改一改

1. 议一议。

教师组织学生讨论：对照自己刚刚画的数学故事，怎样加工成数学连环画呢?

生 1：刚刚我画的"2+3=5"图，只画了 2 个苹果和 3 个苹果，合起来是 5 个苹果。只有一幅图不能叫连环画，要再接着想象 5 个苹果发生的故事。

生 2：可以将图纸分成相等的部分，每部分画一个故事。

生 3：从事情发生时开始画，再接着画发生的场面，才能称为连环画。

生 4：我想画一个关于研学的故事，画一面钟，标出不同的时间，读者一看就知道什么时间玩了什么研学项目。

师：这个方法真好，也就是将故事发展的过程分场景画出来。

师：那我们开始动手来画一画吧！在你刚才画的一幅简单的数学故事的基础上，再加工成连环画。可以独立完成，也可以和同伴合作完成！

引导学生通过故事情节分解、构思主题图画、创作表达故事、审视完善故事的流程，使数学连环画完整。可以通过取一个有趣的标题，如"好吃的苹果""小白兔的生日""小明的一天"等，标好每幅图的序号，让事情发展的顺序更清晰，在故事中融入数学知识，突出数学的味道。

2. 编一编。

自主创编数学连环画，必要时请美术教师来指导。

创编数学连环画的温馨提示如下。

（1）连环画的表现形式要多样：简笔画、手抄报、漫画等形式都可以。

（2）每个同学可以根据实际情况选择独立完成或和同伴合作完成。

（3）如果遇到困难，可以借助网络、图书馆的资源查找并学习他人的做法，或者请教师指导。

（4）如果在课内没有完成，可以带回家与家长一起合作完成。

▶▶ 设计意图

引导学生将经历的数学问题用数学连环画的方式展示出来，运用美术、数学、语文等知识进行绘制；用直观的图示语言表达内心想法，使思维外化；依据连环画创编数学故事，进行语言的组织以及脉络的梳理。在主动提取、建立联系、直观呈现、语言表达的过程中，学生实现对知识内容的深度理解与综合运用，提升对数学的全面认知，发展空间想象能力、创新意识、应用意识。

任务三 讲数学：我们的故事会

▶▶ 策略

"数学连环画"是将数学知识和数学问题转换成图画的过程，也是从抽象思维转换成形象思维的过程。其目的在于让学生发现、筛选生活中的数学信息，解决其中蕴含的数学问题。数学连环画是图画，是故事，更是数学。通过数学连环画的创作与赏析，让孩子们发挥想象，充分发挥自己和团队的智慧，绘制出一个个"数学世界中的故事"，将大家眼中最真实、最好玩、最有趣的数学情境，以连环画的形式完美展现出来，让数学学习有美、有趣、有智慧。这一活动可培养学生同伴互助、互相欣赏的优良品质。

建议安排 1 课时。

活动一 赏一赏

1. 组内分享自己创作的数学连环画给同伴听。

2. 每组推荐 2 个优秀作品在班级内分享。

要求：分享者在教室前面向别人讲连环画时，指着连环画的重点部分讲解，其他听众认真聆听，并发现和记录他人分享时的优点，对看不懂的地方及时质疑，可以提出合理的意见和建议。

▶▶ 设计意图

　　由于学生年龄偏小，虽知道要讲一个故事，但对于与故事相关的时间、计算、路线等可能存在表述不清的情况。所以通过同伴分享可让每个学生多次参与连环画创作中，这可为今后学生有意识思考生活中的数学信息埋下"种子"。

活动二　评一评

1.每位同学的作品都要写好姓名和故事名称。

2.其他同学将贴纸贴在自己喜欢的作品互评卡（见表8-4）上面，每人选出五幅自己喜欢的作品。

3.为贴纸最多的前三名颁发"连环画最优创作者"奖。

4.将所有作品展示在班级文化墙上。

表8-4　"数学连环画"作品互评卡

作者姓名：　　　　　　　　　作品名称：	
评价维度	评价标准
会创造	内容真实、蕴含丰富的数学信息。
	色彩绚丽、美观、图文并茂。
会表达	声音洪亮。
	语言流畅。
	思路清晰。
会赏析	认真倾听同伴的发言。
	会欣赏同伴的优点。
	能给同伴提出合理的意见。
请把"笑脸"贴在这里：	

▶▶ 设计意图

组织学生评价自己和同伴的数学连环画，引导学生能用欣赏的眼光学习同伴的作品，并能客观评价同伴作品和提出合理的建议。

单元反思

根据新课标中课程内容中的实例，设计了本案例。本案例创设了"说说我的生活"——寻找、发现生活中的数学信息，将这些信息变成数学故事；"画出数学故事"——用连环画的形式呈现数学故事；"我们的故事会"——把故事讲给同学听，共三大任务，让学生在找数学、画数学、说数学等活动中综合运用数学、语文、美术等学科知识，提升对数学知识的全面认知，培养学生"会用数学的眼光观察现实世界，会用数学的思维思考现实世界，会用数学的语言表达现实世界"（见图 8-6）。

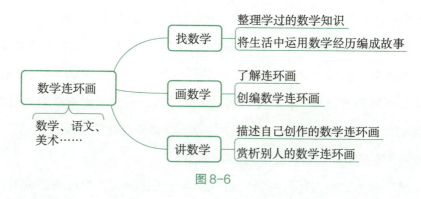

图 8-6

本案例通过设计多学时的长程跨学科学习主题，引导学生运用文字、图画设计连环画，并用自己的语言讲故事，可帮助学生加深对已学的数学知识的理解，积累基本活动经验。学生灵活运用各学科知识，经历数学故事的情境梳理、数学连环画的创意再现、数学知识的传播宣介等具体活动，巧妙地将数学、语文、美术等学科知识相融合，提升对数学的全面认知，培养发散思维、模型意识、抽象能力。纵观本主题学习设计，主要有以下四个特点。

一是，在大结构、大单元中凸显整体构建。

"数学连环画"一课设计突出整体构建和结构化思考。学生经历整理、认识、编写、赏析四个阶段。每个阶段之间互相联系，前者为后者的基础。学生感受生活中数学一次次被唤醒"生活中的亲身经历"，一次次感知抽象出的"数学信息与蕴含的数量关系"。

二是，在真情境、真任务中体会数学价值。

一年级学生对数学的认识和理解具有一定的局限性，要将生活中的事物、发生的事件通过学过的数学知识表达，具有一定的难度。本案例设计了"找数学：说说我的生活"驱动性任务，为学生展示自己对数学的认识和理解赋予了意义，成为一个有价值的需求。这个任务又在教师的带领下，被分解为"整理学过的数学知识—描述生活中运用数学知识的场景—创编小故事—画成连环画—展评连环画"等具体环节。帮助学生梳理和反思学过的数学知识，将数学知识与生活事件建立起关联，并运用符号、图画以及语言进行表达。

三是，在真问题、真方法中积累活动经验。

本课设计了"回忆一下我们学习了哪些数学知识""说一说生活中哪些地方用到了我们所学的数学知识""你能试着将这些数学故事画出来吗"等问题，引导学生在思考、创编、交流、评价中体验问题解决的过程。同时学生在运用画笔展示故事发展的过程中，既要考虑数学的元素，也要考虑事件的呈现方式，还用直观的图示语言表达内心的想法，这是一个思维外化的过程。

四是，在真交流、真研究中促进学科融合。

新课标指出数学连环画主题活动为跨学科主题学习，学生需要运用文字、图画记录故事，设计连环画，并用自己的语言讲故事。绘制图画需要用到美术构图以及线条、大小的知识；创编数学故事，涉及语文学习中的儿童故事，将其中的数学元素予以提炼，并进行改编，需要进行语言的组织以及脉络的梳理。学生在找数学、画数学、讲数学的过程中，感受到数学与生活的联系与多学科的融合。学生初步感知一个复杂问题的解决是多学科知识、方法融合的结果。

六、资源辅助

1. 书刊推荐。

郭华等：《跨学科主题学习：是什么？怎么做》，北京，教育科学出版社，2023。

王艳玲、吴正宪、马云鹏：《跨学科主题学习设计与实施 小学数学》，北京，教育科学出版社，2023。

张华、任燕、廖伟：《小学大观念教学：设计与实施》，北京，教育科学出版社，2023。

曹一鸣：《跨学科主题学习实践指导 . 小学数学 1～2 年级》，北京，北京师范大学出版社，2024。

2. 学习评价表（见表 8-5）。

表 8-5 "数学连环画" 学习评价

评价指标	评价星级 （很棒★★★ 较好★★ 一般★）			综合评价
我能列举并整理学过的数学知识。				教师评语
我能回顾、表达生活中的数学信息。				
我能创编含有数学知识的小故事。				
我能尝试创编数学连环画。				
我能清晰表达自己创作的数学连环画。				
我能欣赏和评价同伴创作的数学连环画，并提出合理的建议。				
我能综合运用知识解决问题。				
数一数，我一共获得（　　）颗★。				

与特级教师一起备课

顾明远题

教育学界泰斗顾明远先生为本套丛书题写书名，并撰写推荐语

丛书主编：刘建琼，二级研究员，博士生导师，特级教师，享受国务院政府特殊津贴专家。教育部基础教育语文教学指导专委会委员、湖南省教育学会特级教师工作研究专业委员会理事长。

书名	丛书主编	分册主编	ISBN	定价
与特级教师一起备课 语文 一上	刘建琼	帅晓梅	978-7-303-30717-3	68
与特级教师一起备课 语文 七上	刘建琼	姜野军	978-7-303-30720-3	68
与特级教师一起备课 数学 一上	刘建琼	吴健	978-7-303-30722-7	68
与特级教师一起备课 数学 七上	刘建琼	莫方	978-7-303-30714-2	68
与特级教师一起备课 英语 三上	刘建琼	龙胜	978-7-303-30718-0	68
与特级教师一起备课 英语 七上	刘建琼	张光明	978-7-303-30719-7	68
与特级教师一起备课 道德与法治 一上	刘建琼	左梦飞	978-7-303-30723-4	68
与特级教师一起备课 道德与法治 七上	刘建琼	吴锋波	978-7-303-30724-1	68
与特级教师一起备课 历史 七上	刘建琼	汪瀛	978-7-303-30725-8	68
与特级教师一起备课 地理 七上	刘建琼	陈宁尧	978-7-303-30726-5	68
与特级教师一起备课 生物学 七上	刘建琼	庄晋	978-7-303-30716-6	68
与特级教师一起备课 物理 八上	刘建琼	戴岳为	978-7-303-30721-0	68
与特级教师一起备课 化学 九上	刘建琼	孔纯辉	978-7-303-30715-9	68

编辑部联系方式：010-58802786（陈老师），010-58806160（冯老师）

图书销售联系方式：010-58800104，18201554569（微信同）